Mäck-Tatz • Pingold • Specht • Stephan • Zahn

GEZIELT VORBEREITET

GEZIELT VORBEREITET

Ein Informations- und Arbeitsbuch zur **Auswahlprüfung**
für die Ausbildungsplätze in der öffentlichen Verwaltung, der Justiz
und im allgemeinen Vollzugsdienst

mit Prüfungsaufgaben und Lösungen
für die Einstellungsjahre 2019 und 2020

herausgegeben von

MARKUS PINGOLD

verfasst von

MARION MÄCK-TATZ
MARKUS PINGOLD
MARK SPECHT
KATHRIN STEPHAN
ELKE ZAHN

VERLAG E. VÖGEL, STAMSRIED

ISBN 978-3-89650-499-9
37. neu bearbeitete Auflage 2020

Gesamtherstellung: Druck+Verlag Ernst Vögel GmbH, Stamsried

Printed in Germany

INHALTSVERZEICHNIS

Hinweis: GEZIELT VORBEREITET ist ein Buch für Schülerinnen und Schüler, Bewerberinnen und Bewerber, Prüfungskandidatinnen und Prüfungskandidaten. Aus Gründen der besseren Lesbarkeit werden in GEZIELT VORBEREITET jedoch grundsätzlich die maskulinen Formen verwendet.

Vorwort

Lieber Leser!

Sie halten dieses Buch in Händen, weil Sie sich für einen Ausbildungsplatz in der öffentlichen Verwaltung, der Justiz oder im allgemeinen Vollzugsdienst interessieren und sich gezielt auf das Auswahlverfahren vorbereiten wollen.

Dieses Buch hilft Ihnen dabei in drei Schritten:

Teil 1 liefert Ihnen kompakt alle **Informationen,** die Sie zum Auswahlverfahren und zur Auswahlprüfung benötigen.

Teil 2 gibt Ihnen **Tipps**

- zur **Arbeitsweise bei der Prüfung** und
- zur **Vorbereitung auf die Prüfung** in den einzelnen Fächern.

Teil 3, der mit Abstand größte Teil des Buches, bietet Ihnen die **Original-Prüfungsaufgaben** der letzten Jahre.
Jede einzelne Aufgabe besteht dabei aus

- der **Aufgabenstellung,**
- einem **Ausschnitt des Lösungsbogens** (inklusive der Angabe der Punkte) zum Eintragen Ihrer Lösungen und
- **Hinweisen** zur Aufgabenstellung und zum Lösungsweg.

Wir empfehlen Ihnen, diese drei Schritte in genau dieser Reihenfolge zu gehen. Damit ist GEZIELT VORBEREITET sowohl ein Informations- als auch ein Arbeitsbuch. Wenn Sie diese Arbeit annehmen und sich gewissenhaft auf die Prüfung vorbereiten, dann werden Sie mit dem bestmöglichen Ergebnis belohnt werden.

Dafür wünschen wir Ihnen Durchhaltevermögen bei der Prüfungsvorbereitung, Konzentrationsvermögen bei der Prüfung und schlussendlich Freude in Ihrem Ausbildungsberuf.

Ihr Autorenteam

1. WORUM GEHT ES? – INFORMATIONEN ZUM PRÜFUNGSVERFAHREN

1.1 Ausbildungsberufe

Einen schnellen Überblick über die Ausbildungsberufe, um die es geht, liefert Ihnen diese Broschüre des Landespersonalausschusses, die Sie auf der Startseite des Internetangebots www.lpa.bayern.de unter der Rubrik Berufsausbildung abrufen können.

1.2 Auswahlverfahren

Zulassungsvoraussetzungen zum Auswahlverfahren

- Deutsche Staatsangehörigkeit (Art. 116 Grundgesetz) oder die eines anderen Mitgliedstaates der Europäischen Union, von Island, Liechtenstein, Norwegen oder der Schweiz bis zur Einstellung
- qualifizierender Abschluss einer Haupt- oder Mittelschule bzw. mittlerer Schulabschluss bis September 2021
- Bei einer Bewerbung für die Fachlaufbahn Justiz, Schwerpunkt allgemeiner Vollzugsdienst, muss der Schulabschluss bis Februar 2021 vorliegen. Zudem reicht beim Vollzugsdienst auch ein einfacher Abschluss der Haupt- oder Mittelschule mit einer förderlichen Berufsausbildung aus.
- Einhalten der Altersgrenze (45. Lebensjahr noch nicht vollendet zu Beginn der Ausbildung); besondere Altersgrenze beim Vollzugsdienst: 18–35 Jahre

Bewerbung für die Ausbildung bei staatlichen Verwaltungen

Von **1. Februar bis 6. Mai 2020** können Sie sich online unter www.lpa.bayern.de für die Ausbildungsplätze bewerben bzw. für das Auswahlverfahren anmelden. Terminänderungen werden – ggf. auch kurzfristig – auf diesem Internetauftritt bekanntgegeben. Die Einreichung von Bewerbungsunterlagen (z. B. Lebenslauf) ist nicht notwendig. Ausnahmen vgl. unten. Außerhalb der Anmeldezeiträume können Sie sich beim Infoservice des Landespersonalausschusses unter www.lpa.bayern.de > Ausbildungsplätze > Anmeldung > Online-Antrag registrieren. Sie werden dann vom Landespersonalausschuss an den Beginn des Anmeldezeitraums erinnert.

Bewerbung für die Ausbildung zum Verwaltungswirt in der Kommunalverwaltung

Wenn Sie an einer Ausbildung in der Kommunalverwaltung interessiert sind, können Sie sich entweder über den Online-Antrag unter www.lpa.bayern.de oder mit einer schriftlichen Bewerbung direkt bei der Gemeinde, dem Gemeindeverband (Landkreis, Bezirk) oder der sonstigen Körperschaft, Anstalt oder Stiftung des öffentlichen Rechts, die die Stelle ausgeschrieben hat, bewerben.

Einzureichende Unterlagen

- Falls Sie die **Schule bereits verlassen** haben: Abschlusszeugnis (Quali, mittlerer Schulabschluss und zusätzlich ggf. Berufsschulabschluss; beim Vollzugsdienst ggf. auch einfacher Hauptschulabschluss in Kombination mit Berufsschulabschluss)
- Bei **ausländischem Schulabschluss:** Bescheid der Zeugnisanerkennungsstelle, das anerkannte Zeugnis und ggf. eine beglaubigte Übersetzung. Bei noch **fehlender Zeugnisanerkennung** kann der betreffende **Antrag bei der Zeugnisanerkennungsstelle** für den Freistaat Bayern **erst nach Teilnahme an der Auswahlprüfung,** innerhalb einer **Frist von 14 Tagen nach dem Prüfungstermin,** gestellt werden.
- Falls Sie einen **Nachteilsausgleich aufgrund Schwerbehinderung** beantragt haben: Nachweis über Grad und Art der Behinderung (z. B. Schwerbehindertenausweis)

Anmeldebestätigung

Nach dem Absenden des Online-Antrags wird Ihnen die **erfolgreiche Datenübermittlung im Browser** durch die **Anzeige der Seite „Anmeldebestätigung und Hinweise zum Ablauf nach der Anmeldung“** bestätigt. Notieren Sie sich Ihre darin ausgewiesene persönliche Bewerbungs-ID und **drucken Sie die Bestätigungsseite aus und/oder speichern Sie diese!**

Bewerber, die sich bis zum Ende des bayernweiten Anmeldezeitraumes am Auswahlverfahren angemeldet haben, erhalten zusätzlich gegen Anfang Juni eine schriftliche Eingangsbestätigung.

Ermittlung des Gesamtergebnisses

Aus dieser Prüfungsnote und den Schulnoten (Abschlusszeugnis) der Fächer Deutsch und Mathematik oder BwR wird eine Gesamtnote gebildet. Dabei fließen die Deutschnote in einfacher Gewichtung und die Note aus Mathematik/BwR (oder entsprechendes Fach) in dreifacher Gewichtung ein. Bei der Ermittlung der Gesamtnote hat die Prüfungsnote zweifaches Gewicht, der Schulnotenschnitt einfaches Gewicht.

Berechnung der Gesamtnote im Überblick

- Schulnotenschnitt = („Deutsch“ + „Mathematik oder BwR“ · 3) : 4
- Gesamtnote im Auswahlverfahren = („Note Auswahlprüfung“ · 2 + Schulnotenschnitt) : 3

Die Gesamtnote stellt das von Ihnen erzielte **Gesamtergebnis des Auswahlverfahrens** dar. Aufgrund der Gesamtnoten aller Bewerber wird eine **Rangliste mit Platzziffern** gebildet. Durch die erfolgreiche Teilnahme am Auswahlverfahren entsteht **kein Anspruch auf Einstellung!**

Das Auswahlverfahren ist **nicht erfolgreich** abgeschlossen, wenn die errechnete Gesamtnote **schlechter als 4,00** ist.

Der Versand der Prüfungszeugnisse erfolgt gegen Anfang September 2019, gleichzeitig wird Ihnen mitgeteilt, ob Sie bei einer staatlichen Verwaltung eine Einstellungschance haben.

Bei einer Bewerbung für eine Ausbildung in der Kommunalverwaltung oder für die Fachlaufbahn Justiz, Schwerpunkt allgemeiner Vollzugsdienst, werden Sie unmittelbar von der Einstellungsbehörde darüber informiert, ob Ihre Platzziffer für eine Einstellung ausreicht.

Eingliederungsberechtigte Soldaten auf Zeit

Soldaten auf Zeit mit einer Verpflichtungszeit von mindestens 12 Jahren, die den **Eingliederungs- oder Zulassungsschein** in Anspruch nehmen, melden sich über den zuständigen Berufsförderungsdienst mit einem speziellen Formular für das Auswahlverfahren an. Vom BFD wird der Antrag an die Vormerkstelle des Freistaates Bayern beim Landesamt für Steuern – Dienststelle Nürnberg, Krelingstraße 50, 90408 Nürnberg weitergeleitet. Eine Online-Anmeldung ist nicht möglich. Über den genauen **Anmeldeschluss** (in der Regel Anfang Mai) informieren Sie sich bitte beim BFD.

Die Mitteilung des Prüfungsergebnisses erfolgt durch das Prüfungsamt, die Zuweisung und Vergabe der Vorbehaltstellen durch die Vormerkstelle.

Für Soldaten auf Zeit ohne **Eingliederungs- oder Zulassungsschein** läuft das Verfahren wie bei den anderen Bewerbern ab.

1.3 Auswahlprüfung

Die Auswahlprüfung ist eine **schriftliche** Prüfung über 3 Zeitstunden und findet **einmal im Jahr** (etwa Anfang/ Mitte Juli) **zeit-** und **inhaltsgleich** an über hundert Prüfungsorten statt. Der voraussichtliche Prüfungstermin wird jeweils zu Beginn des Prüfungsjahres im Internetangebot www.lpa.bayern.de veröffentlicht.

Der genaue Termin und der Prüfungsort werden Ihnen in der Einladung zwei Wochen vor dem Prüfungstermin mitgeteilt; Fahrtkosten und andere Auslagen (z. B. Übernachtungskosten) werden nicht erstattet.

Prüfungsinhalte:

- **deutsche Sprache** (z. B. Rechtschreibung/Grammatik, Textverständnis, Fähigkeiten zur Textgestaltung)

- **grundlegende Allgemeinbildung,** insbesondere in den Fachbereichen
  - **Geographie**
  - **Geschichte** mit Schwerpunkt 20. und 21. Jahrhundert
  - Grundlagen aus **Wirtschaft und Recht**
  - **staatsbürgerliche Kenntnisse**
  - **logisch-schlussfolgerndes Denken**

Wiederholung der Auswahlprüfung: Es gibt keinen Ersatztermin. Eine Einstellung in 2021 ist nur bei einer Prüfungsteilnahme im Juli 2020 möglich! Sie können sich jedoch im nächsten Jahr erneut zum Auswahlverfahren anmelden, solange Sie die Zulassungsvoraussetzungen erfüllen.

Nachteilsausgleich (z. B. Verlängerung der Arbeitszeit): Er wird auf Antrag für Schwerbehinderte und ihnen Gleichgestellte gewährt.

Bewertung der Leistungen in der Auswahlprüfung

Alle Aufgaben, auch die Formulierung des Arguments, werden nach Punkten bewertet. Die jeweilige Maximalpunktzahl ist bei jeder Aufgabe angegeben. Die Gesamtpunktzahl der Auswahlprüfung beträgt zumeist 250.

2. EMPFEHLUNGEN FÜR DIE ARBEITSWEISE BEI DER PRÜFUNG

2.1 Die Prüfungsunterlagen

Bei der Auswahlprüfung wird Ihnen ein Prüfungsgeheft vorgelegt, das aus zwei Teilen besteht – dem Aufgabengeheft („Aufgabenstellung") und dem eingelegten Lösungsbogen:

- **Aufgabenstellung:** Sie sollten zunächst überprüfen, ob Ihnen das Prüfungsgeheft vollständig vorliegt (siehe dazu auch die Hinweise auf dem Titelblatt der Prüfung – hier aus dem Jahr 2019):

Aufgabenstellung

Hinweise:

1. Der Aufgabentext umfasst (mit Deckblatt) 26 bedruckte Seiten.
   Kontrollieren Sie, ob Ihnen der zu bearbeitende Text (Seite 2 f.) und die zu bearbeitenden Aufgaben (Seiten 4–26) vorliegen.
   Unvollständige Aufgabentexte sind der Prüfungsleitung sofort zum Austausch zurückzugeben.
   Reklamationen **nach** der Prüfung können **keine** Berücksichtigung finden.
2. Die Aufgabenstellung ist nach der neuen Rechtschreibung abgefasst, ausgenommen gegebenenfalls Fremdtexte und Schaubilder.
3. **Benutzen Sie für die Bearbeitung der Aufgabe den eingelegten Lösungsbogen! Es werden ausschließlich Ihre Eintragungen im Lösungsbogen bewertet. Achten Sie auf eine saubere äußere Form sowie auf die korrekte Schreibweise einschließlich Groß- und Kleinschreibung.**
   Der Korrekturrand ist freizuhalten.
4. Wenn mehr Felder angekreuzt werden, als richtige Antwortmöglichkeiten bestehen, erfolgt ein entsprechender Punktabzug. Bei falschen Antworten werden nur insoweit Punkte abgezogen, als die Zahl der richtigen Antwortmöglichkeiten überschritten wird. Die niedrigste Punktzahl pro Aufgabe ist 0.
5. Die **Bearbeitungszeit** für die nachfolgenden Aufgaben beträgt insgesamt **180 Minuten**.

Die Aufgaben starten mit einem ausklappbaren Text, dessen Thema die weiteren Aufgabenteile prägt.

Der Umfang dieser ca. zwanzig A4-Seiten sollte Sie nicht abschrecken, sondern motivieren! Es sind unterschiedliche Aufgabenstellungen enthalten, mit denen Sie sicher gut zurechtkommen werden. Einige Aufgaben enthalten wertvolles Material (z. B. Quellentexte, Infografiken) und sind auch ohne auswendig gelerntes Vorwissen lösbar.

- **Lösungsbogen:** In das Geheft „Aufgabenstellung" eingelegt ist Ihr ca. 12-seitiger Lösungsbogen. Ausschließlich dieser Lösungsbogen wird anschließend bewertet – das heißt, dass Sie im Geheft mit den Aufgabenstellungen Markierungen, Notizen und sonstige Anmerkungen eintragen können, denn es wird nicht bei der Bewertung herangezogen.

Nach den Anweisungen der Prüfungsaufsicht füllen Sie zunächst den linken Teil im Kopf des Lösungsbogens aus:

Auswahlprüfung für den Einstieg in der zweiten Qualifikationsebene im nichttechnischen Bereich der Leistungslaufbahn am 8. Juli 2019

Sitzplatz Nr.:
Prüfungsort:
Lokal Nr.:

Punkte: Unterschrift:
Erstkorrektor:
ZK-Vermerke gesamt:
Zweitkorrektor:

ZK-Vermerke: 1 2 3 4 5 6 7 8 9 10 11 12

Lösungsbogen

Hinweis: Der Lösungsbogen umfasst (mit Deckblatt) 12 bedruckte Seiten. Kontrollieren Sie, ob Ihnen ein vollständiger Lösungsbogen (Seiten 1–12) vorliegt.
Ein unvollständiger Lösungsbogen ist der Prüfungsleitung sofort zum Austausch zurückzugeben. Reklamationen **nach** der Prüfung können **keine** Berücksichtigung finden.

Legen Sie sich eine Armbanduhr, Bleistift, Lineal und Kugelschreiber bzw. Füller zurecht und atmen Sie noch mal tief durch. Sie schaffen das schon!

Übrigens: Wer zu spät zur Prüfung erscheint, kann von der Teilnahme ausgeschlossen werden. Bei Verspätungen wird grundsätzlich keine Verlängerung der Prüfungszeit gewährt.

2.2 Tipps zur Bearbeitung der Aufgaben

2.2.1 Überblick gewinnen

Blättern Sie zunächst das Geheft mit den Aufgabenstellungen durch und gewinnen Sie einen ersten Überblick über die gestellten Aufgaben. Die Bearbeitungszeit beträgt 180 Minuten – verteilen Sie die Aufgabenseiten grob auf diese drei Stunden, damit Sie wissen, dass Sie gut in der Zeit liegen.

Ein paar Aufgaben beziehen sich direkt auf den Text, der am Anfang der Prüfung abgedruckt ist. Ansonsten können Sie die Reihenfolge der Aufgaben bei der Bearbeitung frei wählen.

2.2.2 Aufgaben gründlich durchlesen

Bei dieser Auswahlprüfung wird unter anderem getestet, wie konzentriert und sorgfältig Sie arbeiten.

Deshalb: Lesen Sie jede einzelne Aufgabenstellung mehrmals gründlich durch und beachten Sie Hinweise zu Art und Umfang der Lösung. Diese Hinweise können auch durch fett gedruckte Wörter in der Angabe erfolgen.

Beachten Sie besonders, ob Sie z. B. **die richtige** Antwort ankreuzen sollen (also eine) oder **die beiden richtigen** Antworten (also zwei) oder ob Sie selbst die richtige Anzahl an Antworten finden sollen. Im letzteren Fall empfiehlt es sich, nur die Lösungen anzugeben, bei denen Sie sich sicher sind – so können Sie einen Punktabzug für überzählige Lösungen vermeiden.

2.2.3 Materialien konzentriert auswerten

Bei vielen Aufgaben werden Ihnen weitere Materialien zur Auswertung vorgelegt. Arbeiten Sie weiter konzentriert – sonst entgehen Ihnen wichtige Details für die Lösung!

Diese zusätzlichen Materialien wie z. B. Infografiken, Karten, Texte und Statistiken enthalten Hinweise und Hintergrundinformationen fürs Bearbeiten der Aufgabenstellung. Berücksichtigen Sie sie in Ihrer Lösung, denn hier reichen allgemein gehaltene Antworten nicht aus.

2.2.4 Lösungsbogen beachten

Breiten Sie neben den Aufgabenstellungen auch Ihren Lösungsbogen an Ihrem Arbeitsplatz aus und holen Sie sich wichtige Hinweise zur Lösung aus beiden Quellen:

- Je nach Aufgabe verrät auch die auf dem Lösungsbogen angegebene Punktzahl die Anzahl der richtigen bzw. falschen Lösungen bzw. die Anzahl der Aspekte, die Sie herausfinden sollen. Vorsicht: Manchmal gilt dies nicht und es gibt mehrfache Punkte auf eine Lösung! Sie erkennen dies an ** bzw. *** hinter der Punkteangabe.
- Die Anzahl der Punkte verrät Ihnen die Wertigkeit der Aufgabe und somit auch, wie viel Zeit Sie für deren Lösung aufwenden sollten.
- Wenn Ihnen die Aufgabenstellung unverständlich erscheint, helfen die bei der Lösung vorgedruckten Tabellen, Zeilen und Anweisungen weiter.
- Manchmal ist ein Beispiel angegeben, das Ihnen zeigt, wie Sie die Lösung eintragen sollen.
- Lassen Sie den grau hinterlegten Korrekturrand frei.

9 Der blaue Planet und sein Wasser

Kreuzen Sie an:

	1	2	3	4	5	6	7	8
richtig								
falsch								
nicht zu entnehmen								

8 P.

10 Im Wirrwarr von Tagen, Personen und Alter

Tragen Sie Ihre Lösungen ein:

1 __________

2 __________

3 __________

4 __________

5 __________

An den beiden Sternchen können Sie erkennen, dass es zwei Punkte pro Nennung gibt.

10 P.**

2.2.5 Lösungsbogen klar und eindeutig ausfüllen

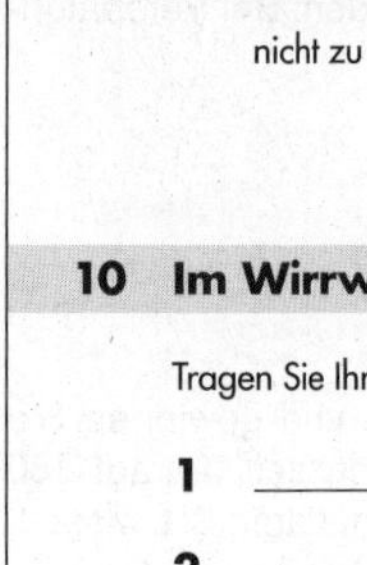

Arbeiten Sie sorgfältig und stellen Sie sicher, dass Ihre Lösungen eindeutig lesbar und zur richtigen Aufgabe zugeordnet sind.

Beachten Sie, dass Sie bei Rechtschreibfehlern i. d. R. keinen Punkt für Ihre ansonsten inhaltlich richtige Lösung erhalten! Dies erfolgt auch bei unklarer Schreibweise von Groß- und Kleinbuchstaben sowie Ziffern.

Sie können falsche Lösungen jederzeit **korrigieren,** auch wenn der dafür vorgesehene Platz bereits verbraucht ist. Streichen Sie die falsche Lösung sauber durch und stellen Sie klar, welche Lösung richtig sein soll. Nutzen Sie notfalls Pfeile für die klare Zuordnung Ihrer Lösungen.

Kandidaten mit **Lese-Rechtschreib-Störung** erhalten auf Antrag und mit Nachweis eine Zeitverlängerung, die Korrektur und Bewertung der Lösungen erfolgen aber ohne weiteren Nachteilsausgleich.

Lassen Sie keine Lücke und keine Aufgabe unversucht! Vielleicht stimmt die Lösung, an die Sie denken, ja doch!

2.2.6 Vorbereitungsheft richtig nutzen

Dieses Vorbereitungsheft heißt nicht nur „Gezielt vorbereitet“, sondern stellt auch sicher, dass Sie sich mit den Aufgabentypen der Einstellungsprüfung vertraut machen können.

Arbeiten Sie zunächst den **allgemeinen Teil** bis Seite 27 gründlich durch. Nun kennen Sie die Anforderungen und die Aufgabentypen der Prüfung!

Anschließend finden Sie die vollständigen **Aufgabenstellungen** für die letzten beiden Prüfungstermine.

Auf der linken Seite jeder Doppelseite sind die originalen Aufgaben abgedruckt und auf der rechten Seite zum einen deren Lösung und zum anderen Hinweise, die sich auf den Aufgabentyp oder die einzelnen Lösungen beziehen.

Versuchen Sie es zunächst selbst und tragen Sie Ihre Lösung auf der linken Seite ein. Decken Sie dabei die Lösungen auf der rechten Seite zuverlässig ab.

Vergleichen Sie dann mit der rechten Seite, ob Sie richtig gelegen haben, und beachten Sie auch die Hinweise zur Bepunktung sowie die grau hinterlegten Lösungshinweise.

Beim zweiten Prüfungstermin wäre es sinnvoll, wenn Sie sich 180 Minuten Zeit nehmen und die Aufgaben – ohne Blick auf die Lösungen oder Lösungshilfen ☺ – am Stück bearbeiten würden.

2.2.7 Cool bleiben!

Nutzen Sie die Zeit, die Ihnen noch bis zum Prüfungstermin bleibt, und informieren Sie sich in den Schulbüchern der gefragten Fachgebiete, in Tageszeitungen, im Internet oder im Fernsehen über die fachlichen Hintergründe und aktuelle Ereignisse.

Für die Logikaufgaben können Sie auch Hefte mit Aufgaben zu Einstellungstests von Unternehmen oder von der Berufsberatung der Agentur für Arbeit nutzen.

Gehen Sie gut ausgeschlafen und rechtzeitig zur Prüfung.

Toi, toi, toi wünschen Ihnen die Autoren dieses Vorbereitungshefts!

2.3 Aufgabenformate

Die Basis für viele Aufgaben sind unterschiedliche Materialien, die zunächst gründlich ausgewertet müssen. Häufige Verwendung finden z. B. Statistiken, Diagramme, Schaubilder, Karikaturen, Karten, Informations- und journalistische Texte.

Im Wesentlichen enthält die Prüfung zwei verschiedene Aufgabenvarianten:

- **Aufgaben, in denen die Antworten selbst formuliert werden müssen**

  Dies betrifft nur einen kleinen Teil der Aufgaben, die meisten davon stammen aus dem Teilbereich Deutsch. Achten Sie genau auf die Aufgabenstellung, besonders dann, wenn Antworten **in eigenen Worten** verlangt sind. Das bedeutet, dass Sie Inhalte paraphrasieren müssen (bedeutungsgleiche Wörter finden, z. B. Gefahren = Risiken). Die Antworten können aus einzelnen Wörtern, Stichpunkten oder ganzen Texten (z. B. Argumenten) bestehen.

- **Aufgaben, in denen die Lösungen bereits vorgegeben sind**

  Der Großteil der zu bearbeitenden Aufgaben enthält bereits verschiedene Lösungsvarianten. Antworten können z. B. durch Ankreuzen, Zuordnen von Buchstaben oder Zahlen, durch Wegstreichen falscher Aussagen etc. gegeben werden.

2.3.1 Sich mit dem Inhalt von Texten auseinandersetzen

Denken Sie daran: GENAUES LESEN ist die Technik, die Ihnen hilft, einen Text besser zu verstehen und viele Aufgaben im Bereich „Deutsche Sprache“ gut zu meistern.

1. Sinnerfassend lesen

Wie schon die Überschrift 2.3.1 andeutet, muss man sich bei vielen Aufgaben mit dem Inhalt des Textes auseinandersetzen und zeigen, ob man den Inhalt desselben verstanden hat. Eine sehr übliche Aufgabenart ist dabei das Antwort-Wahl-Verfahren, das auch unter dem Begriff „Multiple-Choice-Aufgaben" bekannt ist. Zu einer Frage stehen mehrere vorformulierte Antworten zur Auswahl. Ausgewählt soll die Antwort werden, die genau das wiedergibt, was inhaltlich auch im Text steht. Diese Aufgaben müssen mit hoher Konzentration bearbeitet werden, da die Aussagen im Ausschlussverfahren immer wieder mit dem Text verglichen werden müssen. Das gilt vor allem dann, wenn in der Aufgabenstellung danach gefragt wird, ob eine Aussage nicht im Text enthalten ist, ob sie so im Text steht oder ob sie dem Inhalt im Text widerspricht.

2. Überschriften zu Textabschnitten finden

Auch dieser Aufgabentypus dient dazu, zu überprüfen, ob der Sinn des Textes verstanden wurde.

Dabei muss man unbedingt darauf achten, dass die genannten Überschriften nicht mit den Absätzen des Textes übereinstimmen müssen. Auch hier gilt es wieder die Überschriften Schritt für Schritt mit dem Inhalt des Textes zu vergleichen (auf Signalwörter achten!).

3. Einzelne Wörter aus dem Text erklären

Bei diesem Aufgabentypus heißt es Fremdwörter aus dem Textzusammenhang zu erklären. Es geht dabei nicht nur um reines Übersetzen ins Deutsche, sondern es muss überprüft werden, ob der gefundene Begriff in den Textzusammenhang passt. Der Sinn des Textes darf nicht verändert werden.

2.3.2 Infografiken

Hier sind sowohl Wissen als auch Kombinationsgabe und Konzentration gefragt. Schaubilder und Grafiken bieten dem Nutzer sowohl sprachliche als auch bildliche Informationen. Beweisen Sie Ihre Kompetenzen, indem Sie unterschiedliche Diagrammarten sorgfältig analysieren und vorgegebene Aussagen überprüfen bzw. Informationen für Lückentexte finden.

Lesen Sie zunächst die gesamte Aufgabenstellung konzentriert durch.

Achten Sie nun auf die **schrittweise Analyse der Infografik,** bevor Sie sich den Aufgaben widmen:

- Beachten Sie zunächst die **Überschrift** und ggf. Untertitel oder weitere Textkommentare.

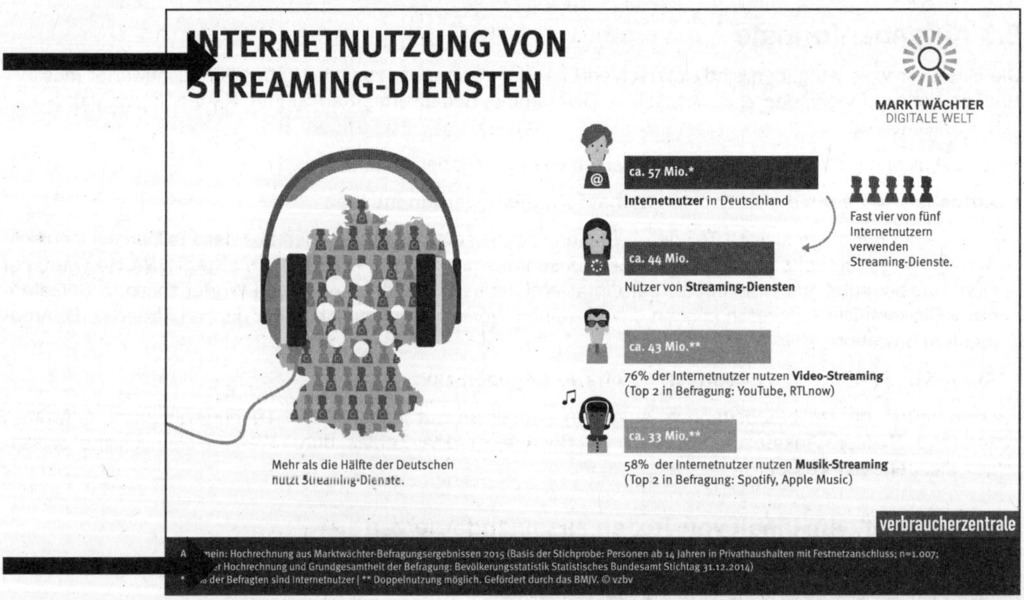

- Übersehen Sie auch nicht das **Kleingedruckte,** das häufig mit einem Sternchen versehen am Rand steht. Diese Informationen sind wesentlich für die exakte Bearbeitung der Aufgaben. Hier finden Sie oft auch Zeitangaben für die angegebenen Zahlenwerte.
- Mit den **bildlichen Darstellungen** veranschaulicht und kommentiert der Grafiker die Informationen.
- Unterscheiden Sie den **Herausgeber** der Infografik (häufig hinter dem ©-Zeichen angegeben) von der Datenquelle (häufig als „**Quelle**" bezeichnet).
- Achten Sie darauf, ob die Daten gesichert sind oder ob es sich um **Schätzungen** bzw. Prognosen handelt.
- Stellen Sie sicher, dass Sie die unterschiedlichen **Diagrammarten** benennen können: Kreis-, Torten-, Linien-, Flächen-, Balken-, Säulendiagramm etc.
- **Markieren** Sie nun im Aufgabentext und in der Infografik Zahlen und Informationen, die Ihnen beim Auswerten helfen könnten. Suchen Sie nach **Signalwörtern,** da in den Aussagen oftmals z. B. ein bestimmtes Land oder ein bestimmter Zahlenwert genannt werden.

- Beachten Sie, dass im Text der Aufgaben **synonyme** Begriffe zu denen in der Infografik verwendet werden könnten, z. B. Export statt Ausfuhr, Aufschwung statt Expansion.
- Prüfen Sie, ob in der Infografik die gleichen **Größenordnungen** angegeben werden wie in den Aussagen hierzu: Wenn z. B. im Schaubild von „1.003 Millionen Euro" die Rede ist und in einer Aussage von „über 1 Milliarde Euro", wird der gleiche Zahlenwert ausgedrückt.
- Fallen Sie nicht darauf herein, wenn die **Einheiten** ausgetauscht werden – hier soll Ihr konzentriertes Lesevermögen getestet werden. Wenn z. B. in der Infografik von „88 %" die Rede ist, in einer Aussage dagegen von „88 Millionen", wurde bewusst die falsche Einheit gewählt.

- Stellen Sie sicher, dass Sie Prozentangaben und Brüche in ihrer Größenordnung **abschätzen** können. Es könnte sein, dass in der Infografik z. B. von 20 % der Bevölkerung die Rede ist, in einer Aussage hierzu aber von „jedem Fünften", was den gleichen Anteil darstellt.

2.3.3 Karten

Vor allem in den geographischen Teilaufgaben, aber auch bei historischen Fragestellungen finden Karten regelmäßig Verwendung. Das können **topographische Karten** sein, welche die Lage von Orten, Flüssen, Gebirgen und die Höhenlage (aber auch mittels Höhenlinien) darstellen. Aber auch **thematische Karten,** auf denen Informationen zu einem bestimmten Thema flächenhaft oder punktuell verortet dargestellt sind, sind von Bedeutung.

Abgefragt wird im Zusammenhang mit Karten dabei sowohl

- Ihr **topographisches Grundwissen** als auch
- Ihre Fähigkeit, gegebene **Informationen** aus Karten zu **entnehmen.**

Es ist zu empfehlen, dass Sie sich im Umgang mit Karten eine genaue und systematische Arbeitsweise angewöhnen und diese **3 kleinen Arbeitsschritte** stets hintereinander bewältigen:

1. Aufgabenstellung exakt lesen.
2. Alle zusätzlichen Karten-Informationen betrachten. Häufig sind diese Angaben am Rand platziert und teilweise sind sie auch recht klein. Dies können sein:
   - Windrose oder Nordpfeil (Wenn nicht angegeben, können Sie davon ausgehen, dass die Karte genordet ist, d. h. der Norden ist oben.)
   - Maßstab oder Maßstabsleiste
   - Zeichenerklärungen (Legende)
   - Angaben zum Ersteller der Karte oder zur Datenquelle (insbesondere bei thematischen Karten)
3. Kartenbild genau betrachten und die Aufgabenstellung lösen/erfüllen.

Wem der Umgang mit Karten schwerfällt, dem sei ein Faltblatt der Bayerischen Vermessungsverwaltung empfohlen, welches sehr kompakt wichtige Informationen zum Umgang mit einer Karte zusammenfasst. Das

Faltblatt „Tipps zum Kartenlesen" ist im PDF-Format kostenlos erhältlich:
https://www.ldbv.bayern.de/file/pdf/1681/Faltblatt_Tipps_zum_Kartenlesen.pdf

2.3.4 Karikaturen

Eine Karikatur ist meist eine lustige und übertriebene Zeichnung von menschlichen Verhaltensweisen. Häufig besitzt sie einen aktuell politischen oder gesellschaftlichen Hintergrund.

Vor der Bearbeitung der zugehörigen Prüfungsaufgabe sind die folgenden **fünf Schritte** empfehlenswert:

- Betrachten Sie die Karikatur sorgfältig.
- Beschreiben Sie die Karikatur in ihren Einzelheiten.
- Lesen und erläutern Sie den (meist) enthaltenen Text.
- Erläutern Sie Zusammenhänge von Text und Bild.
- Formulieren Sie knapp die zentrale Gesamtaussage (Problematik) sowie die enthaltene Komik.

Übungsbeispiel:

2.4 Vorbereitungstipps zu den einzelnen Fachbereichen

2.4.1 Deutsche Sprache

Hinweis: Konkrete Aufgabenbeispiele aus den Fachbereichen Deutsche Sprache, Geographie, Geschichte, Wirtschaft und Recht, Staatsbürgerliche Kenntnisse sowie Logisches Denken mit den dazugehörigen Lösungen und den aufgabenbezogenen Lösungshinweisen finden Sie im Teil 3 dieses Buches.

Beim genaueren Betrachten der bisherigen Auswahlprüfungen erkennt man für den Aufgabenbereich „Deutsche Sprache“ drei verschiedene Aufgabentypen:

1. Aufgaben zum Textverständnis

Hier sind sowohl sorgfältiges Lesen als auch Konzentration gefragt. Sie sollen zeigen, dass Sie die Aussage(n) und Sinn des vorgegebenen Textes verstanden haben. Sie können das genaue, konzentrierte Lesen schon im Vorfeld der Prüfung trainieren.

Vorbereitungstipps:

1. Überfliegen Sie z. B. einen Zeitungsartikel oder einen Sachtext und überlegen Sie, wovon der Text im Großen und Ganzen handelt. Teilen Sie den Text in mehrere Sinnabschnitte ein.
2. Lesen Sie anschließend die Sinnabschnitte erneut konzentriert durch und markieren Sie sich pro Sinnabschnitt auffällige Schlüsselwörter.
3. Versuchen Sie anschließend mithilfe der Schlüsselwörter Überschriften für die einzelnen Abschnitte zu formulieren. Fassen Sie den Inhalt des Textes abschließend abschnittsweise zusammen.
4. Formulieren Sie selbst Aussagen für Ihre Sinnabschnitte, die falsch, richtig bzw. nicht enthalten sind.

2. Aufgaben zu sprachlichen bzw. grammatikalischen Kenntnissen

Bei diesen Aufgaben geht es darum zu zeigen, dass Sie sowohl sicher im Gebrauch der Rechtschreibung, Grammatik und Zeichensetzung sind als auch über einen ausreichenden Grundwortschatz (inkl. Fremdwörtern) und sprachlogisches Denken verfügen.

Vorbereitungstipps:

1. Vor der Prüfung ist es grundsätzlich sinnvoll sich mit den wichtigsten Regeln der deutschen Rechtschreibung und Grammatik zu beschäftigen.
2. Schalten Sie die Rechtschreibüberprüfung an Ihrem Computer zunächst aus, formulieren Sie selbst kurze Texte und überprüfen Sie diese unter folgenden Aspekten:
   - **Zeichensetzung:** Haben Sie Kommas zwischen zwei Satzteilen gesetzt? Achten Sie auf Signalwörter wie die Konjunktionen „weil, aber, dass, sondern …“. Aufzählungen, Beisätze und Infinitivsätze setzen ebenfalls Kommas voraus.
   - **Rechtschreibung:** Haben Sie die wichtigsten Regeln der Rechtschreibung eingehalten? (Groß- und Kleinschreibung, S-Schreibung, usw.)
   - **Grammatik:** Setzen Sie Ihre Texte in die indirekte Rede, indem Sie das Prädikat in den Konjunktiv umwandeln. Versuchen Sie so viele Sätze wie möglich mit sinnvollen Konjunktionen zu verbinden. Bestimmen Sie in einigen Sätzen die Fälle, achten Sie dabei vor allem auf die Fälle Dativ und Akkusativ. Stellen Sie Satzglieder um, damit Ihre Texte lebendiger werden.
   - **Sprachstil:** Haben Sie einen abwechslungsreichen Satzbau verwendet? Vermeiden Sie unbedingt umgangssprachliche Wendungen.
3. Versuchen Sie Fremdwörter z. B. in Zeitungsartikeln durch passende deutsche Ausdrücke zu ersetzen, ohne dass sich die Aussage des Satzes verändert.

3. Aufgaben, bei denen Sachverhalte schriftlich dargestellt werden sollen

Meistens müssen Sie bei diesen Aufgaben entweder ein vorgegebenes Argument auf seine Bestandteile hin untersuchen oder einen zusammenhängenden Text in Form einer Argumentation verfassen.

Voraussetzung für beide Aufgabentypen ist die Kenntnis über den korrekten dreiteiligen Aufbau eines Arguments:

- Behauptung (Ich bin der Meinung, dass …, An erster Stelle wäre zu nennen, dass …, Es ist zu bedenken, dass …, Ein Argument für/gegen … ist.)
- Begründung (… weil, was zur Folge hat, dass …, Das liegt daran, dass …)
- Beispiel (Dies ergibt Sinn, da z. B. …, Als Beispiel kann … angeführt werden, Mit dem folgenden Beispiel lässt sich belegen, dass …)

Vorbereitungstipps:

- Erstellen Sie immer wieder zu einem beliebigen Thema eine Stoffsammlung. Versuchen Sie anschließend eine Gliederung mit Ober- und Unterpunkten auszuarbeiten. Verwenden Sie diese Gliederung um einzelne Argumente schriftlich auszuformulieren.

- Argumentieren lässt sich sehr gut mündlich üben. Nutzen Sie die oben genannte Möglichkeit (Erstellung einer Gliederung) und bringen Sie Ihrem Gegenüber Ihren Standpunkt zu einem bestimmten Thema näher. Halten Sie dabei den Aufbau eines Arguments ein.
- Um die volle Punktzahl zu erhalten, müssen Sie natürlich nicht nur inhaltlich, sondern auch sprachlich überzeugen: Achten Sie deshalb auf Grammatik, Rechtschreibung, Ausdruck und Sprachstil.

2.4.2 Geographie

Die Auswahlprüfung für die Qualifikationsebene 2 orientiert sich im Bereich der Geographie am Niveau der Realschule. Es empfiehlt sich daher, sich bei der Vorbereitung über den Lehrplan der Realschule zu informieren. Aktuell (Schuljahr 2019/20) ist dies

- für die Jahrgangsstufen 5 bis 7 der LehrplanPLUS aus dem Jahr 2017 (https://www.isb.bayern.de/realschule/lehrplan/realschule-r6/),
- für die Jahrgangsstufen 8 bis 9 der Lehrplan aus dem Jahr 2001 (https://www.isb.bayern.de/realschule/lehrplan/realschule-r6/).

Die nachfolgenden Tabellen geben einen Überblick über die wichtigsten Inhalte und methodischen Fertigkeiten. Wir empfehlen Ihnen, die Aspekte in der Vorbereitung systematisch durchzugehen, beispielsweise mit aktuellen Schulbüchern.

Der Umgang mit dem topographischen Grundwissen lässt sich aber auch gut mit kostenlosen Apps und Online-Quiz-Aufgaben üben.

Besonders relevanter Stoff der Jahrgangsstufe 5

Umgang mit Globus und Karten	• Globus als Modell der Erde, Horizontal- und Schrägluftbilder • Elemente topographischer, physischer und thematischer Karten (Maßstab, Höhendarstellungen, Legende) • Auffinden von Orten mittels Verzeichnissen und Planquadraten • Himmelsrichtungen, Gradnetz (Längen- und Breitenkreise, Pole, Äquator), Höhendarstellungen, Maßstab und Distanzen • Kontinente und Ozeane
Naturräumliche und politische Strukturen in Deutschland und Bayern	• physische und politische Grundstruktur Deutschlands und Bayerns (Gebirge, Flüsse, Bundesländer und deren Hauptstädte, Regierungsbezirke Bayerns und deren Verwaltungssitze; Nachbarstaaten Deutschlands) • Großlandschaften Deutschlands
Planet Erde	• Bewegungen des Planeten Erde • Epochen der Erdgeschichte • Veränderung der Erdoberfläche durch endogene und exogene Kräfte

Besonders relevanter Stoff der Jahrgangsstufe 6

Topographie Europas	• Staaten und Hauptstädte Europas • Mitgliedsstaaten der EU • wichtigste Gebirge, Flüsse und Meere (Kenntnis und räumliche Zuordnung) • Teilräume Europas und deren grobe Abgrenzung • mit dem Maßstab Entfernungen berechnen
Klima Europas	• Klimafaktoren: Breitenlage, Höhenlage, Meeresströmungen (Golfstrom), maritimer und kontinentaler Einfluss • Klima und Vegetation in Süd-, West-, Mittel-, Nord- und Osteuropa
Tourismus in Europa	• Tourismus im Mittelmeerraum, z. B. Badetourismus • Tourismus in den Alpen: Hochgebirge, Erholungsraum, gefährdeter Lebensraum (Lawinen, Verkehr)

Landwirtschaft in Europa	• Agrarprodukte aus Südeuropa, Westeuropa und Ostmitteleuropa
Industrie in Europa	• Produktionsstandorte der Automobilindustrie in Bayern, Deutschland und Europa • Lage wichtiger Industrieräume Europas
Verkehr in Europa	• Verkehrsmittel und Verkehrswege in Bayern und Deutschland

Besonders relevanter Stoff der Jahrgangsstufe 7

Wetter und Klima	• Aufbau der Atmosphäre und ihre Bedeutung für das Wettergeschehen • Luftdruck als weiteres Klimaelement; Klimafaktoren • Entstehung von Niederschlägen • Wetterkarte und Wettervorhersage • Rotation und Revolution der Erde und ihre Auswirkungen (Zeitzonen, Jahreszeiten) • Klimazonen der Erde
Subsahara-Afrika	• Passatkreislauf: Tageszeitenklima, Jahreszeitenklima • Klima- und Vegetationszonen der Erde • Leben im tropischen Regenwald: Ökosystem, Bedrohung
Orient	• Erdöl als prägender Faktor • Wüsten, Bedeutung des Wassers

Besonders relevanter Stoff der Jahrgangsstufe 8

Anglo- und Lateinamerika	• topographischer Überblick: Großlandschaften, große Flüsse, bedeutende Städte
Asien	• topographischer Überblick: Großlandschaften, große Flüsse, bedeutende Städte • China und Indien: Lebensbedingungen im Wandel, Bevölkerungspolitik • Gefährdung durch Naturkräfte

Besonders relevanter Stoff der Jahrgangsstufe 9

Orientierung in Deutschland und Bayern	• naturräumliche Gliederung, Topographie • politische Gliederung
Entstehung von Landschaften	• Entstehung der Großlandschaften (Alpen, Mittelgebirge; Alpenvorland und Norddeutsches Tiefland) • Plattentektonik
Klima	• Klima Deutschlands • natürlicher und anthropogener Treibhauseffekt
Städtische Siedlungsräume	• Verstädterungsprozesse
Bevölkerung	• Bevölkerungsentwicklung in Deutschland und weltweit • Bevölkerungsdiagramme • Ursachen und Folgen des Wachstums der Weltbevölkerung
Ernährung	• Deutschland: konventionelle und ökologische Landwirtschaft • globale Bezüge: weltweite Versorgung mit Nahrungsmitteln
Wirtschaft	• Globalisierung, Standortfaktoren

2.4.3 Geschichte

Die Basis für eine erfolgreiche Bearbeitung der Aufgaben im Teilbereich Geschichte ist ein stabiles **Überblickswissen zur Geschichte des 20. und 21. Jahrhunderts,** d. h. von etwa 1900 bis zur Gegenwart. Eine detaillierte Kenntnis aller in diesem Zeitraum erfolgten wichtigen historischen Geschehnisse wird nicht von Ihnen verlangt.

In der Tabelle sind zentrale Themenschwerpunkte aufgelistet. Zur besseren Orientierung und zur Überprüfung Ihres Vorwissens sind den chronologisch aufgeführten Schwerpunkten einige Schlagwörter zugeordnet. Diese stellen **lediglich eine Auswahl** wichtiger Namen und Begriffe dar.

Themenschwerpunkt	Datierung	Schlagwörter
Deutsches Kaiserreich	**1871–1918**	*Wilhelm I., Otto von Bismarck, Kaiserproklamation in Versailles, Bündnissystem, Militarismus, Wilhelm II.*
Imperialismus	**ab 1870**	*Kolonien, Aufteilung Afrikas, Völkermord an den Herero*
Erster Weltkrieg	**1914–1918**	*Attentat von Sarajewo, Alliierte, Mittelmächte, Stellungskrieg, Oktoberrevolution in Russland, Kriegseintritt der USA, Versailler Vertrag*
Weimarer Republik	**1919–1933**	*Novemberrevolution, Inflation, Hitlerputsch, Goldene Zwanziger Jahre, Weltwirtschaftskrise, Präsidialkabinette, Paul von Hindenburg*
Nationalsozialismus und Zweiter Weltkrieg	**1933–1945**	*Adolf Hitler, NSDAP, „Machtergreifung", Ermächtigungsgesetz, Gleichschaltung, Propaganda, Antisemitismus, Holocaust, „Blitzkrieg", Stalingrad, Rote Armee, Bombenkrieg, Kapitulation (8./9. Mai 1945), Atombombenabwürfe auf Hiroshima und Nagasaki, Flucht und Vertreibung, Entnazifizierung, Nürnberger Prozesse*
Kalter Krieg: Spaltung Deutschlands	**1945–1990**	*Potsdamer Abkommen, Besatzungszonen, Marshall-Plan, Währungsreform, Berlin-Blockade*
Geschichte der BRD		*Grundgesetz, Konrad Adenauer, Westintegration, Soziale Marktwirtschaft, „Wirtschaftswunder", „Wandel durch Annäherung" (Willy Brandt), „APO", RAF, Umweltbewegung („Die Grünen")*
Geschichte der DDR		*Sozialistische Planwirtschaft, Walter Ulbricht, Arbeiteraufstand am 17. Juni 1953, Mauerbau, Einparteienstaat (SED), Staatssicherheit (Stasi)*
Ende der Teilung Deutschlands		*Michail Gorbatschow (Glasnost, Perestroika), Massenflucht aus der DDR, Montagsdemonstrationen, Mauerfall am 9. November 1989, Wiedervereinigung am 3. Oktober 1990*
Weltweite Krisen und Konflikte während des Kalten Krieges	**ab 1945**	*Vereinte Nationen (UNO), Blockbildung (NATO, Warschauer Pakt), Koreakrieg, Ungarnaufstand, Kubakrise, Vietnamkrieg, Prager Frühling*
Europäische Einigung	**ab 1951**	*Montanunion, Römische Verträge, EG, EU, Binnenmarkt, Wirtschafts- und Währungsunion, Euro, Osterweiterung, Krise der EU*
Aktuelle Krisen und Herausforderungen		*z. B. Nahostkonflikt, Bedrohung durch islamistischen Terror, …*

Neben der Kenntnis historischer Fakten ist auch der Umgang mit fachspezifischen Methoden zur Lösung der Aufgaben erforderlich. In der Aufgabenstellung finden immer wieder folgende Methoden Anwendung:

- Analyse von Karikaturen (s. 2.3.4)
- Analyse von Schaubildern (z. B. Verfassungsschemata)
- Interpretation von Text- und Bildquellen
- Analyse historischer Karten

Unabdingbar ist eine genaue Untersuchung der verwendeten Materialien.

Darüber hinaus gibt es noch einige Tipps, die Sie beachten können:

- Informieren Sie sich im Vorfeld der Prüfung über historische Jahrestage. Dies kann über einschlägige Suchmaschinen mit Suchbegriffen wie 201 … (aktuelle Jahreszahl ergänzen), *„Jubiläen, Jahrestage, Gedenktage"* erfolgen. Im Prüfungsjahr 2017 jährten sich beispielsweise die Oktoberrevolution in Russland (1917), der Beginn der Studentenunruhen (1967), die Reformation (1517), u. v. m.
- Berücksichtigen Sie, ob zum Zeitpunkt der Erstellung der Aufgaben (immer etwa ein halbes Jahr vor der Prüfung) bestimmte Ereignisse mit historischem Hintergrund öffentlich diskutiert werden (z. B. Entschädigungsklagen der Herero).
- Eine gute Basis zur Vorbereitung sind die zugelassenen bayerischen Schulbücher im Fach Geschichte, z. B. aus der 9. und 10. Klasse der Realschule. Sie decken den Zeitraum des 20. und 21. Jahrhunderts recht umfassend ab.
- Informieren Sie sich mit Hilfe seriöser Nachrichtenmedien über aktuelle Geschehnisse in Politik, Gesellschaft, Kultur und Wirtschaft. Diese basieren durchaus immer wieder auf historisch relevanten Ereignissen, auf die in der Prüfung Bezug genommen wird.

2.4.4 Wirtschaft und Recht

Für die Auswahlprüfung ist im Bereich Wirtschaft und Recht das Niveau der Realschule relevant. Orientieren Sie sich deshalb am Lehrplan und an den Schulbüchern für das Fach WiR (8. und 9. JGST). Den bis 2022 gültigen Lehrplan finden Sie auf der Website des ISB Bayern:

https://www.isb.bayern.de/realschule/lehrplan/realschule-r6/fachprofil-ebene-2/wirtschaft-und-recht/1045/

In der nachfolgenden Tabelle finden Sie eine Auswahl besonders wichtiger Inhalte aus beiden Bereichen des Fachs Wirtschaft und Recht:

Themengebiete aus dem Bereich **Wirtschaft:**

Grundbegriffe	• Bedürfnisvielfalt, ökonomisches Prinzip • Sachgüter und Dienstleistungen • Arbeitsteilung
Verbraucher	• verantwortungsbewusstes und wirtschaftliches Verbraucherverhalten • Bestimmungen und Einrichtungen zum Verbraucherschutz • Möglichkeiten und Gefahren bei der Nutzung elektronischer Medien: Internetkäufe, Datenschutz
Marktwirtschaft	• Angebot und Nachfrage, Verhalten der Marktteilnehmer • Preisbildung auf dem Gütermarkt, Marktmodell • Soziale Marktwirtschaft: Voraussetzungen und Ziele, Sozialversicherungen, Rolle des Staates
Wirtschaftliches Handeln in Unternehmen	• Aufbau und Aufgaben eines Fertigungsunternehmens • Produktionsfaktoren • Wirtschaftskreislauf • Wettbewerb auf globalen Märkten
Zahlungsverkehr	• Aufgaben des Geldes • aktuelle Formen des Zahlungsverkehrs
Kreditinstitute	• Aufgaben der Banken und Sparkassen • Geldanlage in Wertpapieren, Börse als Markt für Wertpapiere
Arbeitsmarkt	• Arbeit als Lebensgrundlage • Arbeitsmarkt: Arten der Arbeitslosigkeit, Strukturwandel, neue Anforderungsprofile • Veränderungen in der Arbeitswelt: Arbeitszeitmodelle, moderne Kommunikationstechniken • Bundesagentur für Arbeit
Beruf	• Berufsfindung, Bewerbungsverfahren und Ausbildung • Erwerbseinkommen: Lohnabrechnung, Abzüge für Steuern und Sozialversicherungsbeiträge • berufliche Interessenvertretungen

Themengebiete aus dem Bereich **Recht:**

Grundzüge der Rechtsordnung	• Überblick über die Rechtsordnung • Abschluss und Erfüllung eines Kaufvertrags • weitere Verträge des Alltags (u. a. Mietvertrag, Kreditvertrag) • Familie als Rechtsgemeinschaft, Bedeutung der Ehe
Recht und Lebensalter	• Rechtsfähigkeit • Geschäftsfähigkeit • Strafmündigkeit • Jugendschutzgesetz
Arbeitsrecht	• Berufsausbildungsvertrag • Jugendarbeitsschutzgesetz • Mitbestimmung im Unternehmen • Kündigungsschutz
Strafrecht	• Folgen strafbarer Handlungen • Ablauf eines Strafverfahrens • Besonderheiten im Jugendstrafrecht
allgemein	• mit einfachen Gesetzestexten (u. a. aus dem BGB, StGB, JuSchG) arbeiten

Tipps zur Vorbereitung im Fach WiR:

- Lesen Sie täglich Zeitungsartikel, Sachtexte oder Meldungen im Internet zu wirtschaftlichen und rechtlichen Themen konzentriert durch und fassen Sie sie in eigenen Worten zusammen. Entnehmen Sie die Fachbegriffe und klären Sie deren Bedeutung. Finden Sie im Text erwähnte Vor- oder Nachteile, Abläufe von Vorgängen oder Argumente für eine bestimmte Vorgangsweise.
- Erstellen Sie eine Sammlung von Fachbegriffen und deren Bedeutung aus den Bereichen Wirtschaft und Recht – entweder auf Karteikarten oder in einem Vokabelheft.
  - Beispiel:

    Konjunkturphasen: zeitliche Abschnitte im Wirtschaftsablauf über mehrere Jahre (Aufschwung, Hochkonjunktur/Boom, Abschwung/Rezession, Tiefstand/Depression)
- Studieren Sie Infografiken und beachten Sie die Tipps zu deren Auswertung auf Seite 16.
- Besorgen Sie sich Schulbücher der Realschule zu Wirtschaft und Recht 8 und 9 und schmökern Sie nacheinander in den oben angegebenen Kapiteln. Lernen Sie vor allem die Fachbegriffe und die Zusammenfassungen.
- Verfolgen Sie schon Monate vor der Auswahlprüfung Nachrichten- und Magazinsendungen im Fernsehen zu Themen aus den Bereichen Wirtschaft und Recht. Merken Sie sich die Erklärungen zu den Fachbegriffen, die dort für die Zuschauer oftmals anschaulich erklärt werden. Machen Sie sich Notizen.
- Zu Themen aus der Betriebs- und Volkswirtschaftslehre können Sie weitere Vorbereitungshefte erwerben und das Grundwissen erweitern.

2.4.5 Staatsbürgerliche Kenntnisse

Die Ausbildungsplätze in der öffentlichen Verwaltung, in der Justiz sowie im allgemeinen Vollzugsdienst vermitteln die Grundlagen für Tätigkeiten in staatlichen Einrichtungen. Deshalb sind bereits von zukünftigen Auszubildenden staatsbürgerliche Grundkenntnisse zu erwarten, die sich (ohne Anspruch auf Vollständigkeit) in folgende drei Bereiche gliedern:

1. Der demokratische Verfassungsstaat

- Grundprinzipien des parlamentarischen Regierungssystems
- Grundrechte
- Gewaltenteilung und Kontrolle der Macht
- Föderalismus
- Wahlen
- Elemente der direkten Demokratie

2. Politische Strukturen

- Kommunale Gliederung (Gemeinde, Landkreis, Bezirk)
- Strukturen und Entscheidungen auf Landes- und Bundesebene
- Gesetzgebung

3. Bayern und die Bundesrepublik Deutschland in Europa und der Welt

- Einbindung in die Europäische Union
- Rolle der NATO
- Rolle der UNO
- Herausforderungen des 21. Jahrhunderts (u. a. Globalisierung, Digitalisierung, Migration, Entwicklungszusammenarbeit)

Zur Vorbereitung auf die Auswahlprüfung bietet sich neben der Lektüre einschlägiger Bücher des Sozialkundeunterrichts vor allem auch die regelmäßige Mitverfolgung der aktuellen Nachrichten an. Wie auch in den anderen Fächern der Auswahlprüfung sind hier ebenfalls materialgestützte Aufgaben (Diagramm, Karikatur, Statistik u. a.) möglich. Zur Vorbereitung empfiehlt sich die bewusste und regelmäßige Information, z. B. durch Internet, Fernsehen und insbesondere durch Tageszeitungen.

Die Prüfungsaufgaben können auch aktuelle Bezüge des Prüfungsjahres (u. a. Jubiläen und Wahlen) beinhalten. Zur vertiefteren Auseinandersetzung mit den oben genannten Themenfeldern eignen sich zudem die Publikationen der Landes- und Bundeszentrale für politische Bildung (www.blz.bayern.de/, www.bpb.de/).

2.4.6 Logisches Denken

Der Punkteanteil der Aufgaben, die logisches Denken verlangen, nahm in den letzten Jahren zu. Diese Tendenz sollten Sie ernst nehmen und sich auf die Logikaufgaben gut vorbereiten. Auch wenn Sie sich am Anfang mit solchen Aufgaben vielleicht schwertun, so kann man diese hervorragend trainieren. Hierzu gibt es etliche Übungen im Internet (häufig auch unter der Bezeichnung „Einstellungstest“ oder „IQ-Test“) und auch kostenlose Apps für Smartphones.

Die nachfolgende Tabelle soll Ihnen einen Überblick über mögliche Logikaufgaben und deren Lösungsstrategien geben.

Aufgabenart	Lösungsstrategie
Würfelaufgaben	Ein normaler Spielewürfel hat die Augenzahlen 1 bis 6. Jede Augenzahl kommt nur einmal vor und die Augensumme gegenüberliegender Seiten ist immer 7.

Sprachliche Logik (Sprachanalogien)	Hier geht es darum, Begriffe, die sprachlich-inhaltlich zusammengehören oder einen Gegensatz bilden, zu finden. Achten Sie dabei darauf, die Bedeutung der (natürlich zumeist ähnlichen) Begriffe genau zu erfassen.
Zahlenreihen	Hier gilt es, das System, mit dem sich die Zahlenreihe fortsetzt, herauszufinden. Zumeist sind hier einfache Kopfrechenaufgaben zu lösen, z. B. die Verdoppelung der Zahl oder das Addieren oder Subtrahieren nebeneinander stehender Zahlen. Manchmal wird auch eine Zahl ausgelassen und die Zahlen an 1. und 3., 2. und 4. Stelle etc. hängen zusammen. Je öfter Sie solche Zahlenreihen gelöst haben, desto schneller erkennen Sie das System, das sich doch immer ähnelt.
Buchstabenreihen	Die Lösungswege ähneln sich und man kann es daher gut üben.
Figurenreihen	Auch hier geht es um das System und auch hier gilt, dass sich die Lösungswege ähneln und man es daher gut üben kann.
Geometrische Figuren	Hier muss man sich Figuren, die nur teilweise und zweidimensional zu sehen sind, dreidimensional vorstellen und dann beispielsweise Flächen zählen. Achten Sie hierbei auf Hilfslinien und andere, versteckte Details. Eine beliebte Spielart solcher Aufgaben zielt auch auf die Flächengleichheit oder die Symmetrie, wie sie inzwischen bereits in der Grundschul-Mathematik behandelt wird.
Zählaufgaben	Hier müssen Sie sich konzentrieren und in langen Buchstaben-, Zahlen- oder Zeichenketten bestimmte Buchstaben, Zahlen oder Zeichen zählen.
Wochentage, Monatsnamen oder Jahreszahlen	Meist ist eine kleine Geschichte angegeben und man muss die Wochentage, Monatsnamen oder Jahreszahlen vor- und zurückrechnen.

2. DIE PRÜFUNGSAUFGABEN FÜR DAS EINSTELLUNGSJAHR 2019

MIT LÖSUNGEN UND HINWEISEN

Im folgenden Teil Ihres Vorbereitungshefts „Gezielt vorbereitet" finden Sie die Prüfungsaufgaben und Platz für „Meine Lösung" jeweils auf der linken Seite, die Lösungen und Lösungshinweise der Autoren auf der rechten Seite.

Zur Vorbereitung auf die Prüfung decken Sie die rechten Seiten jeweils ab und lesen die Aufgaben auf den linken Seiten sorgfältig durch. Tragen Sie unter „Meine Lösung" die Ihrer Meinung nach richtigen Lösungen ein.

Vergleichen Sie Ihre Antworten dann mit den Musterlösungen auf der rechten Seite und lesen Sie die Lösungshinweise sorgfältig durch – sie helfen Ihnen künftig bei ähnlichen Aufgaben.

Text Dieser Text ist für die Bearbeitung der Aufgaben Nrn. 1 bis 3 notwendig.

Roboter

Waren Roboter vor einigen Jahrzehnten noch bloße Science-Fiction, sind sie aus dem Leben heute kaum mehr wegzudenken. Sie bauen Autos, entschärfen Bomben und tauchen in die Tiefen der Ozeane. Auch die Raumfahrt ist bei ihren Missionen auf die Unterstützung von Robotern angewiesen. Doch bevor das erste Roboterfahrzeug auf dem Mars herumfahren konnte, mussten Forscher erst viele Jahre Entwicklungsarbeit leisten. Aber woher kommt überhaupt der Begriff „Roboter"? Er wird vom tschechischen „robota" abgeleitet, was so viel heißt wie Fronarbeit. Der tschechische Schriftsteller Karel Čapek nannte 1920 so die Maschinenmenschen in seinem utopischen Theaterstück „R.U.R." („Rossum's Universal Robots"). Die Wortschöpfung „Roboter" hielt Einzug in viele Sprachen. Für die literarische Etablierung sorgten in den 1940er-Jahren die Robotererzählungen **1** des russisch-amerikanischen Chemikers und Schriftstellers Isaac Asimov. Im Allgemeinen sind Roboter Maschinen, die sich selbstständig bewegen und verschiedene Tätigkeiten erledigen können. Das unterscheidet sie von ferngesteuerten Maschinen, die Befehle von Menschen brauchen – und damit nicht selbstständig sind. Automaten sind keine Roboter, da sie nur eine einzige Arbeit ausführen. Auch Computer gelten nicht als Roboter, weil sie sich nicht bewegen können. Die Versuche, Arbeit von Menschen durch Mechanik zu ersetzen, gehen weit zurück. Schon in vorchristlicher Zeit erfanden die Griechen einfache Automaten, die ohne direkte Einwirkung der Menschen Tätigkeiten ausführen konnten. So entstand z. B. im 3. Jahrhundert v. Chr. die erste wasserbetriebene Uhr.

Ein besonderes Problem bei der Entwicklung von Maschinen, die sich selbstständig bewegen, ist die Orientierung. Dank Fotozellen, die das Erkennen von Helligkeitsunterschieden ermöglichen, gelang der Bau des ersten sehenden Roboters. Die berühmten Roboter-Schildkröten Elsie und Elmer konnten dadurch 1950 erstmals die Lichtquelle orten, die ihre Ladestation markierte. US-Forscher der Universität von Kalifornien haben kürzlich einen Roboter entwickelt, der sogar dreidimensional sehen kann und in der Lage ist, Handtücher zu falten und dann aufeinanderzustapeln. Mithilfe zweier Kameras im Kopf des Roboters wird ein dreidimensionales Bild der Umgebung erstellt. Diese Fähigkeit ist wichtig, damit Roboter sich in Zukunft auch in einem Raum, der ihnen unbekannt ist, bewegen können, ohne gegen die Wände zu stoßen. Sogar Roboter, die hören können, gibt es bereits seit einigen Jahrzehnten. So entwickelte die renommierte Waseda-Universität **2** in Japan 1973 einen Roboter, der hören, sehen, tasten, laufen und sich mithilfe eines Sprachsynthesizers sogar unterhalten konnte, sodass seine Entwickler ihm die Intelligenz eines 18 Monate alten Kindes attestierten. Auch der Tastsinn von Robotern hat sich im Laufe der vergangenen Jahre stark verbessert. Noch vor nicht allzu langer Zeit waren feinmotorische Abläufe undenkbar, etwa das Halten eines Stiftes mit Daumen und Zeigefinger. Inzwischen können Roboter rohe Eier und Flaschen greifen, ohne diese zu beschädigen. Wissenschaftler der Technischen Universität München haben eine Kunsthaut entwickelt, mit der die Roboter Berührung spüren und Hindernissen ausweichen können. Ein solches Verhalten ist besonders wichtig, wenn Roboter als Helfer des Menschen in Umgebungen unterwegs sind, die sich ständig verändern, wie z. B. in der Industrie.

In der Industrie wurden Roboter erstmals in den 1960er-Jahren eingesetzt, also erst 20 Jahre nach ihrer literarischen Etablierung durch Asimov. Der erste kommerziell erhältliche Industrieroboter namens Unimate wurde unter anderem an den Fließbändern eines US-amerikanischen Autoherstellers für sich wiederholende und gefährliche Arbeiten verwendet. So stapelte der Unimate etwa hoch erhitzte Metallteile. Bereits 20 Jahre später wurde der Einsatz von Robotern in der Autoherstellung zur Routine. Auch andere Industriezweige nehmen Roboter zu Hilfe. So gibt es in Chemieunternehmen Automationsstraßen, die komplexe Arbeitsabläufe vollständig übernehmen. Inzwischen verrichten [3] Roboter in vielen Bereichen Tätigkeiten, die der Mensch selbst nur ungenauer, langsamer oder überhaupt nicht ausführen kann. Letzteres gilt besonders für Missionen im Weltraum. So landete Anfang August 2012 der bisher teuerste Roboter der NASA auf dem Mars. Der „Mars-Rover Curiosity" soll, ausgestattet mit neuester Technik, die Marsoberfläche untersuchen und Informationen über die Bodenbeschaffenheit und Atmosphäre auf dem Planeten zur Erde schicken. Aber auch für andere Aufgaben im All sind Roboter unerlässlich. So helfen Roboterarme bei Arbeiten an der internationalen Raumstation ISS und reparieren defekte Satelliten.

In Krisengebieten leisten Roboter dem Menschen wertvolle Dienste. Sie werden bei Bränden eingesetzt, suchen nach Minen oder entschärfen Bomben. Dafür müssen sie in der Lage sein, sich in sehr unwegsamem Gelände fortzubewegen. Für die Bombenentschärfung sind die Roboter oft mit einem tiefliegenden Fahrgestell und einem frei beweglichen, ferngesteuerten Arm ausgestattet. An dessen Spitze befindet sich ein Zertrümmerungsgerät, das mit hoher Energie einen Wasserstrahl in die Sprengstoffkammer schießt und sie so unwirksam macht. Kleine unbeabsichtigte Detonationen können die Roboter überstehen. Die Erforschung der Ozeane wäre ohne Roboter ebenfalls undenkbar. Sie ergründen die Meerestiefen, helfen beim Erkennen von Umweltgefahren wie ausgelaufenem [4] Öl oder bei der Schatzsuche. 1986 erkundete der Roboter Jason Junior zusammen mit dem bemannten Tiefseetauchboot Alvin in 3.965 Metern Tiefe das Wrack der Titanic. Viele der Unterwasserroboter haben die Form eines kleinen U-Boots und werden ferngesteuert oder vor dem Einsatz so programmiert, dass sie ihre Arbeiten eigenständig ausführen können. Neben all diesen Möglichkeiten gibt es inzwischen viele weitere Einsatzgebiete für Roboter. Ob im Haushalt als Staubsauger, im Operationssaal, im Labor oder im Kinderzimmer: Roboter gehören zum Alltag dazu.

Quelle: http://www.planet-wissen.de/technik/computer_und_roboter/roboter_mechanische_helfer/index.html; gekürzt und leicht verändert, Zugriffsdatum: 12.11.2017

Zur Beantwortung der nachfolgenden Fragen Nrn. 1–3 lesen Sie bitte den Text „Roboter" (Text auf Seite 30 f.) aufmerksam durch.

1 Inhalt des Textes

▶ Überprüfen Sie für jeden Textabschnitt, ob die vorgegebenen Behauptungen im Sinne des Textes eindeutig richtig sind, im Hinblick auf die Aussagen des Textes falsch sind oder dem Text nicht zu entnehmen sind. Geben Sie auf dem Lösungsbogen die jeweils richtige Antwort mit folgenden Kennbuchstaben an:

R = im Sinne des Textes eindeutig richtig

F = im Hinblick auf die Aussagen des Textes falsch

NE = dem Text nicht zu entnehmen

Abschnitt 1 (Zeilen 1–19)

a) Der Einsatz von Robotern bei Marsmissionen steht kurz vor dem Durchbruch.

b) Im Theaterstück R.U.R. geht es um die Vernichtung der Menschheit durch die Maschinenmenschen.

c) Isaac Asimovs Erzählungen sind eine wichtige Etappe auf dem Weg zur Entwicklung des heutigen Roboterverständnisses.

Abschnitt 2 (Zeilen 20–40)

a) Die von der Technischen Universität München entwickelte Kunsthaut wird in der Medizin und Industrie eingesetzt.

b) Ein in den 1970er-Jahren von einer japanischen Universität entwickelter Roboter wies bereits drei Sinne auf.

c) Roboter haben dieselben Sinnesempfindungen wie Menschen.

Abschnitt 3 (Zeilen 41–56)

a) Der Industrieroboter „Unimate" schweißte u. a. Druckgussteile für Kfz-Karosserien für einen nordamerikanischen Autohersteller.

b) Anfang der 1970er-Jahre dachten auch deutsche Automobilfirmen über den Einsatz von Robotern nach.

c) Vor vier Jahren landete der erste Roboter auf dem Mars.

Abschnitt 4 (Zeilen 57–72)

a) Nur mithilfe des Roboters Jason Junior wurde das Schiffswrack der Titanic erkundet.

b) Um eine Bombe unschädlich zu machen, wird Wasser in die Sprengstoffkammer gesprüht.

c) Der Einsatz von Robotern gehört mittlerweile zum Alltag.

Meine Lösung:

Tragen Sie für die Behauptungen a), b) und c) zu den einzelnen Textabschnitten die jeweils zutreffende Kennzeichnung **R, F** oder **NE** ein:

Abschnitt 1	Abschnitt 2	Abschnitt 3	Abschnitt 4	rot	grün
a) ☐	**a)** ☐	**a)** ☐	**a)** ☐		
b) ☐	**b)** ☐	**b)** ☐	**b)** ☐		
c) ☐	**c)** ☐	**c)** ☐	**c)** ☐	12 P.	

KORREKTURRAND NUR FÜR DEN KORREKTOR

Erst-	Zweit-
korrektor	
rot	grün

1 Inhalt des Textes

Tragen Sie für die Behauptungen a), b) und c) zu den einzelnen Textabschnitten die jeweils zutreffende Kennzeichnung **R, F** oder **NE** ein:

	Abschnitt 1	**Abschnitt 2**	**Abschnitt 3**	**Abschnitt 4**
a)	F	NE	NE	F
b)	NE	R	NE	R
c)	NE	F	F	R

je 1 Punkt, insgesamt 12 Punkte

12 P.

Bei dieser Aufgabe sollten Sie sich zunächst den Text einmal ***sorgfältig durchlesen****. Danach entscheiden Sie* ***Abschnitt für Abschnitt****, ob die Aussagen „im Sinne des Textes eindeutig richtig" (R), „im Hinblick auf die Aussagen des Textes falsch" (F) oder „dem Text nicht zu entnehmen" (NE) sind. Hilfreich ist es den jeweiligen Abschnitt noch einmal zu lesen und anschließend jede einzelne Aussage zu überprüfen.*
Achtung: Pro Abschnitt muss nicht immer eine gleichmäßige Verteilung von R, F und NE vorhanden sein; möglich wären z. B. auch zwei richtige Aussagen in einem Abschnitt.

Fragestellung zu Textabschnitt 2 als Beispiel

Aussage a): Dieser Aspekt wird im Textabschnitt nicht angesprochen. Zwar wird beschrieben, dass die von der Technischen Universität München entwickelte Kunsthaut Robotern dabei hilft, Berührungen zu spüren oder Hindernissen auszuweichen, ein möglicher Einsatz in der Medizin oder Industrie kann dem Abschnitt inhaltlich nicht entnommen werden.

Aussage b): Dieser Inhalt steht in den Zeilen 30 bis 33. Mehrere Schlüsselbegriffe sind dabei zu beachten: „in Japan" weist auf eine „japanische Universität" hin, 1973 auf die 1970er-Jahre „hören, sehen und tasten" auf die drei Sinne.

Aussage c): Die Aussage ist im Hinblick auf die Aussage des Textes falsch. Roboter haben nicht dieselben Sinnesempfindungen wie Menschen.

2 Kernaussagen des Textes

▶ In welcher Reihenfolge trifft der Text Aussagen zu folgenden Stichpunkten? Tragen Sie die Kennbuchstaben in der entsprechenden Reihenfolge im Lösungsbogen ein.

A Robotereinsatz in der chemischen Industrie

B Eroberung des alltäglichen Lebens

C Sinneswahrnehmungen als großes Forschungsgebiet

D Literarische Herkunft des Begriffes „Roboter"

E Einsatzmöglichkeiten unter extremsten Bedingungen

F Selbstständige Bewegung und Durchführung verschiedener Tätigkeiten

Meine Lösung:

Tragen Sie die Kennbuchstaben in der richtigen Reihenfolge ein:

☐ ☐ ☐ ☐ ☐ ☐

6 P.

3 Bedeutung von Fremdwörtern

▶ Tragen Sie zu den nachfolgend aufgeführten Fremdwörtern jeweils den Kennbuchstaben des Wortes in den Lösungsbogen ein, das dessen Sinn **im vorgegebenen Textzusammenhang** (Text auf Seite 30 f.) am besten wiedergibt.

1. Etablierung (Z. 10)

A Gründung
B Errichtung
C Verbreitung
D Eingewöhnung

2. renommiert (Z. 30)

A erneuert
B angesehen
C wiedereröffnet
D unterschätzt

3. attestieren (Z. 33)

A beistehen
B bescheinigen
C beaufsichtigen
D bestärken

4. komplex (Z. 48)

A unübersichtlich
B vielschichtig
C zusammengesetzt
D allumfassend

5. Mission (Z. 50)

A Berufung
B Pflicht
C Bestimmung
D Unternehmung

Meine Lösung:

Tragen Sie den jeweiligen Kennbuchstaben ein:

1	2	3	4	5
☐	☐	☐	☐	☐

5 P.

2 Kernaussagen des Textes

Tragen Sie die Kennbuchstaben in der richtigen Reihenfolge ein:

D **F** **C** **A** **E** **B**

je 1 Punkt, insgesamt 6 Punkte 6 P.

Auch hier ist es sinnvoll, den Text Abschnitt für Abschnitt genau durchzulesen und anschließend zu überprüfen, in welcher Reihenfolge die Stichpunkte zum Text zu sortieren sind. Die Stichpunkte müssen nicht unbedingt mit den Absätzen übereinstimmen.
So steht z. B. Kennbuchstabe D „Literarische Herkunft des Begriffes ‚Roboter'" an erster Stelle, da zu Beginn des Textes (ab Z. 6) Bezug auf die Wortschöpfung im literarischen Bereich genommen wird.

3 Bedeutung von Fremdwörtern

Tragen Sie den jeweiligen Kennbuchstaben ein:

1	2	3	4	5
C	B	B	B	D

je 1 Punkt, insgesamt 5 Punkte 5 P.

Bei dieser Aufgabe geht es nicht nur darum, mögliche deutsche Bedeutungen eines Fremdwortes zu kennen. ***Vielmehr ist entscheidend, welches Wort am besten den Sinn im vorgegebenen Textzusammenhang wiedergibt.*** *Aus diesem Grund ist immer die Textstelle angegeben, an der das Fremdwort verwendet wird.*

Beispiel 1: Etablierung (Z. 10)
Im Ausschlussverfahren ohne Textbezug könnte Etablierung zwar sowohl „Gründung", „Errichtung" als auch „Verbreitung" bedeuten. Beim konkreten Einsetzen der Alternativen in die vorgegebene Textstelle kann die richtige Antwort gefunden werden: C: Verbreitung

4 Roboter und ihr möglicher Einsatz

▶ Neben den Themen 1 bis 6 finden sich jeweils Oberbegriffe für eine Gliederung der Themen. Entscheiden Sie, ob das Thema jeweils richtig gegliedert ist. Das trifft zu, wenn **Inhalt und Anzahl** der Oberbegriffe korrekt sind.

Beispiel (Nr. 0) für eine richtige Gliederung:

Nr.	Thema	Oberbegriffe für die Gliederung
0	Zeigen Sie Argumente für und gegen den Einsatz von Robotern in der Industrie.	I. Pro-Argumente II. Kontra-Argumente

Kreuzen Sie im Lösungsbogen jeweils an, ob das Thema richtig oder falsch gegliedert ist.

Nr.	Thema	Oberbegriffe für die Gliederung
1	„Die Automatisierung wird mehr Arbeitsplätze schaffen als vernichten. Die Arbeitnehmer müssen sich aber umstellen" (Geschäftsführer Christoph Kübel). Nehmen Sie Stellung zu dieser Aussage.	I. Gründe II. Eigene Meinung
2	Roboter dürften schon bald zur normalen Ausstattung eines Haushaltes gehören. Diskutieren Sie Chancen und Schwierigkeiten, die sich daraus ergeben.	I. Chancen II. Probleme
3	Welche positiven und negativen Auswirkungen kann der Einsatz autonomer Fahrzeuge haben?	I. Positive Auswirkungen II. Negative Auswirkungen
4	Warum nutzen immer mehr Menschen im Haushalt die Hilfe durch Roboter?	I. Geschichtliche Aspekte II. Soziale Aspekte III. Rationale Aspekte
5	Sind Sie der Meinung, dass die Einführung von Lehrer-Robotern wie z. B. in Japan das Lern- und Lehrverhalten an deutschen Schulen positiv verbessern würde?	I. Vorteile II. Nachteile III. Eigene Meinung
6	Der Einsatz von Pflegerobotern soll in der heutigen Zeit einen immer größeren Stellenwert einnehmen. Erörtern Sie sowohl Chancen als auch Schwierigkeiten, die diese Art von Pflegeunterstützung in Altenheimen mit sich bringt.	I. Pflegenotstand in Altenheimen II. Chancen des Robotereinsatzes

Meine Lösung:

Kreuzen Sie an:

	0	1	2	3	4	5	6
richtig	X						
falsch							

6 P.

4 Roboter und ihr möglicher Einsatz

Kreuzen Sie an:

	0	1	2	3	4	5	6
richtig	X		X	X		X	
falsch		X			X		X

je 1 Punkt, insgesamt 6 Punkte
kein Punkt für jede Spalte mit mehr als einem Kreuz

6 P.

Zunächst muss Ihnen klar sein, ob die gestellten Themen ein-, zwei- oder dreigliedrig sind. Inhalt und Anzahl der Oberbegriffe müssen übereinstimmen und korrekt sein. Ist dies nicht der Fall, können Sie im Lösungsbogen schon „Falsch" ankreuzen.
Stimmt die Anzahl überein, ist im nächsten Schritt zu prüfen, ob der Inhalt der Oberbegriffe zum Thementeil passt.

Thema 1: Falsch. Es fehlen die Gegenargumente.
Thema 2: Richtig.
Thema 3: Richtig.
Thema 4: Falsch. Die Oberbegriffe passen inhaltlich nicht zum Thema.
Thema 5: Richtig.
Thema 6: Falsch. Es sollen Chancen und Schwierigkeiten erörtert werden. I. passt als Oberbegriff nicht.

5 Großprojekt Roboter

Am 11.07.2016 wurde auf der Webseite des Umweltbundesamtes (UBA) die Pressemitteilung „Achtung! Gefährliches Strandgut" veröffentlicht, die über den Stand der Munitionsbelastung aufgrund vergangener Kriege in deutschen Meeresgebieten informierte. Ein Großprojekt Schleswig-Holsteins soll die Entwicklung eines Roboters vorantreiben, der Munition im Meer in Zukunft vollautomatisch beseitigen kann.

▶ a) Auch Umweltverbände befürworten den baldigen Einsatz von Unterwasser-Robotern. Im Lösungsbogen finden Sie dazu einen kurzen Text, in dem jedoch alle Kommas fehlen. Tragen Sie die fehlenden notwendigen Kommas deutlich erkennbar in den Text ein.

Meine Lösung:

a) Kommasetzung

Da die Forschung noch nicht so weit ist erfolgt die Entschärfung auf herkömmlichem Weg indem Unterwassersprengungen vorgenommen werden. Die Explosionen stellen jedoch sowohl für Schifffahrt Windkraftanlagen oder Fischerei als auch für die Meeresökologie eine Gefahr dar. Die entstehenden Schockwellen können Meerestiere töten oder deren Gehör schwer schädigen.

Deswegen kritisieren viele Umweltverbände dass die Auswirkungen des Sprengverfahrens unterschätzt werden und sie setzen sich für bessere Schutzmaßnahmen sowie die Weiterentwicklung alternativer Methoden ein.

5 P.

5 Großprojekt Roboter

a) Kommasetzung

Da die Forschung noch nicht so weit ist, erfolgt die Entschärfung auf herkömmlichem Weg, indem Unterwassersprengungen vorgenommen werden. Die Explosionen stellen jedoch sowohl für Schifffahrt, Windkraftanlagen oder Fischerei als auch für die Meeresökologie eine Gefahr dar. Die entstehenden Schockwellen können Meerestiere töten oder deren Gehör schwer schädigen.

Deswegen kritisieren viele Umweltverbände, dass die Auswirkungen des Sprengverfahrens unterschätzt werden, und sie setzen sich für bessere Schutzmaßnahmen sowie die Weiterentwicklung alternativer Methoden ein.

Beispiele für Punkteberechnung:

Beispiel 1		**Beispiel 2**	
Kommas gesetzt	5	Kommas gesetzt	8
zutreffend	4	zutreffend	4
Punktabzug	0	Punktabzug	3
Endpunkte	4	Endpunkte	1

je 1 Punkt, insgesamt 5 Punkte
Bei mehr als 5 Kommas:
1 Punkt Abzug pro überzähligem Komma
(niedrigster Endpunktwert 0) 5 P.

a) Achtung: Anhand der Punkteverteilung ist die mögliche Anzahl der Kommas oft ersichtlich. Tragen Sie nie mehr als die vorgegebene Anzahl der Kommas ein, sonst droht Abzug und die volle Punktzahl kann nicht erreicht werden.
Lesen Sie sich jeden Satz sorgfältig durch und merken Sie sich mögliche Atempausen, die Sie beim lauten Vorlesen machen würden. Oft markieren diese Stellen schon mögliche Kommas. Untersuchen Sie dann den Satzaufbau: Satzreihe/Satzgefüge, Einschub, verkürzter Nebensatz, Aufzählung usw. und setzen anschließend deutlich die Kommas.

▶ b) Im Lösungsbogen finden Sie einen Auszug der dazugehörigen Pressemitteilung „Munitionsbeseitigung im Meer: Großprojekt soll Roboter entwickeln" der Landesregierung Schleswig-Holstein in abgeänderter und verkürzter Form. In dem Textabschnitt sind Ausdrucks- und Grammatikfehler unterstrichen. Tragen Sie zu jeder dieser Markierungen jeweils einen Verbesserungsvorschlag (jeweils nur ein Wort) in der dafür vorgesehenen Spalte ein. Ein Beispiel ist vorgegeben.

Meine Lösung:

b) Verbesserungsvorschläge

Text	Verbesserungsvorschlag
Ziel des dreijährigen Projekt ist es, den Prototyp eines Roboters zu entwickeln, der vom Meeresgrund Munition selbstständig schadlos macht und umweltgerecht entsorgt. Dazu soll eine Plattform aufgebaut werden, ergänzt durch einer Bearbeitungseinheit mit verschiedenen Werkzeugen, die pro nach Bergungsschritt unter Wasser zum Einsatz kommen. Die Funktionsfähigkeit des Prototyps wird in Tests unter Realbedingungen an Minen-Dummys erprobt werden. Mit einem solchen automatisierten System könnten die gerade bei maritimen Großkampfmittel wie Seeminen und Torpedos immer noch praktizierte gefährliche Tauchereinsatz und die oftmals alternativlose Sprengung entbehrlich werden. Jahrzehnte nach Ende des Zweiten Weltkrieges wird also an einem sehr konkreten Plan gearbeitet, wie die versenkte Munition im Küsten- und Flachwasserbereich, die eine latentliche Gefahr für Mensch und Umwelt insbesondere bei Baumaßnahmen zur Umsetzung der Energiewende darstellen, ressourcenschonend beseitigt werden kann. Allein auf deutschen Meeresgewässern lagert nach jetzigen Erkenntnissen noch mindestens 1,6 Millionen Tonnen konstitutioneller Munition. Die Belastung durch Munition im Meer wird zwar seit einigen Jahren systematisch erfasst – Bergung und Entsorgung sind aber bisher nur in gefährlicher Handarbeit durch Mitarbeiter der Kampfmittelräumdienste oder durch entsprechend spezifizierte Firmen möglich. Deshalb hofft man sehr, dass diese lebensgefährliche Arbeit künftig ein Roboter übernehmen kann.	z. B.: *Projektes*

10 P.

Quelle: https://www.schleswig-holstein.de/DE/Landesregierung/V/Presse/PI/2016/0116/MELUR_160105_RoBeMM.html – Stand: 28.12.2017

Text	Verbesserungsvorschlag
	z. B.:
Ziel des dreijährigen <u>Projekt</u> ist es, den Prototyp	*Projektes*
eines Roboters zu entwickeln, der <u>vom</u> Meeres-	**am / auf dem**
grund Munition selbstständig <u>schadlos</u> macht und umweltgerecht entsorgt. Dazu soll eine Plattform aufgebaut werden, ergänzt durch	**unschädlich/unbrauchbar/ funktionsuntüchtig**
<u>einer</u> Bearbeitungseinheit mit verschiedenen	**eine**
Werkzeugen, die <u>pro</u> nach Bergungsschritt unter Wasser zum Einsatz kommen. Die Funktionsfähigkeit des Prototyps wird in Tests unter Realbedingungen an Minen-Dummys erprobt werden. Mit einem solchen automatisierten	**je**
System könnten <u>die</u> gerade bei maritimen	**der**
<u>Großkampfmittel</u> wie Seeminen und Torpedos immer noch praktizierte gefährliche Tauchereinsatz und die oftmals alternativlose Sprengung entbehrlich werden. Jahrzehnte nach Ende des Zweiten Weltkrieges wird also an einem sehr konkreten Plan gearbeitet, wie die versenkte Munition im Küsten- und Flachwasserbereich, die	**Großkampfmitteln**
eine <u>latentliche</u> Gefahr für Mensch und Umwelt insbesondere bei Baumaßnahmen zur Umsetzung der Energiewende darstellen, ressourcenschonend beseitigt werden kann. Allein <u>auf</u>	**latente**
	in
deutschen Meeresgewässern <u>lagert</u> nach jetzigen Erkenntnissen noch mindestens 1,6 Millionen Tonnen konstitutioneller Munition. Die Belastung durch Munition im Meer wird zwar seit einigen Jahren systematisch erfasst – Bergung und Entsorgung sind aber bisher nur in gefährlicher Handarbeit durch Mitarbeiter der Kampfmittelräumdienste oder durch entspre-	**lagern**
chend <u>spezifizierte</u> Firmen möglich. Deshalb hofft man sehr, dass diese lebensgefährliche Arbeit künftig ein Roboter übernehmen kann.	**spezialisierte**

Quelle: https://www.schleswig-holstein.de/DE/Landesregierung/V/Presse/PI/2016/0116/MELUR_160105_RoBeMM.html – Stand: 28.12.2017

je 1 Punkt, insgesamt 10 Punkte
jeweils nur ein Wort
Bei mehr als 10 Verbesserungsvorschlägen: 1 Punkt Abzug pro überzähligem Vorschlag (niedrigster Endpunktwert 0)

10 P.

b) Die Begriffe/Textstellen, die verbessert werden sollen, sind in dieser Aufgabe schon gekennzeichnet. Es geht ausschließlich um grammatikalisch/stilistische bzw. bessere Formulierungsvorschläge. Grammatikalische Fehler wie Singular oder Plural fallen schon oft beim genauen und konzentrierten Lesen des Textes auf. Setzen Sie die angegebenen Wörter in die korrekte grammatikalische Form.

6 Roboter rund um den Globus

a) Die nachfolgende Abbildung bietet detaillierte Informationen zur Verbreitung von Industrierobotern.

▶ Kreuzen Sie im Lösungsbogen an, ob folgende Aussagen nach den Angaben der Grafik richtig, falsch oder der Grafik nicht zu entnehmen sind.

(Hinweis: Bei der Bewertung von Aussagen zur Entwicklung installierter Industrieroboter sind eventuell vorgenommene Reparatur- oder Ersatzinstallationen außer Acht zu lassen.)

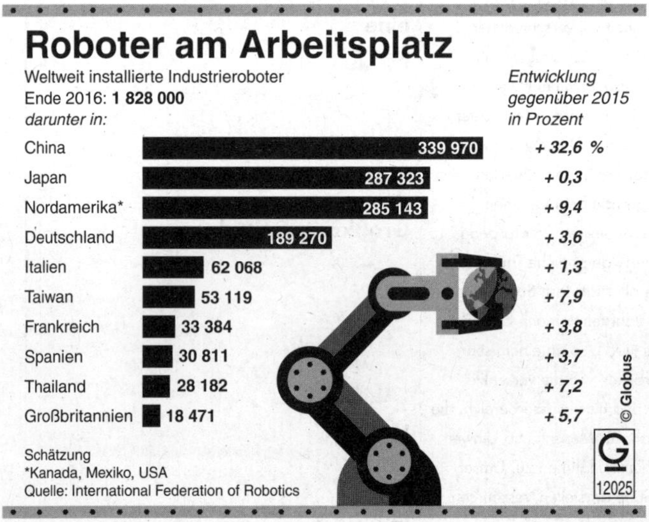

Aussagen:

1 In Thailand wurden im Jahr 2016 mehr zusätzliche Industrieroboter installiert als in Spanien.

2 In Deutschland waren Ende 2016 mehr Industrieroboter installiert als in allen anderen in der Grafik aufgeführten europäischen Staaten zusammen.

3 Im Jahr 2016 wurden in Kanada, Mexiko und den Vereinigten Staaten von Amerika jeweils über 9 Prozent mehr zusätzliche Industrieroboter installiert als im Jahr davor.

4 In Japan und Großbritannien zusammen waren Ende 2016 um 6 Prozent mehr Industrieroboter installiert als Ende 2015.

5 In Europa hatte Deutschland bei der Installation von Industrieanlagen im Jahr 2016 die höchsten Zuwachsraten.

6 Unter den angegebenen europäischen Ländern verzeichnete Spanien 2016 den geringsten Zuwachs gegenüber 2015 bei der Gesamtzahl der zum Jahresende installierten Industrieroboter.

Meine Lösung:

a) Kreuzen Sie an:	1	2	3	4	5	6
richtig						
falsch						
nicht zu entnehmen						

6 P.

6 Roboter rund um den Globus

a) Kreuzen Sie an:

	1	2	3	4	5	6
richtig	X	X				
falsch				X		X
nicht zu entnehmen			X		X	

je 1 Punkt, insgesamt 6 Punkte
kein Punkt für jede Spalte mit mehr als einem Kreuz

6 P.

a) Bei dieser Aufgabe kommt es darauf an, die Grafik genau auszuwerten, in Kombination mit topographischem Grundwissen (z. B. bei Aussage 5 dem Wissen, welche der genannten Staaten zu Europa gehören). Lösungsstrategie: Lesen Sie die Grafik zunächst von oben nach unten. Gehen Sie dann Aussage für Aussage durch und überprüfen Sie die Aussage mit der Grafik.

Aussage	*Lösung*	*Begründung/Lösungshinweise*
1	*richtig*	*Spanien hat zwar den höheren absoluten Wert; es kommt aber auf das Wachstum im Jahr 2016 („mehr zusätzliche Roboter“) an. Abzulesen ist das nicht an den absoluten Zahlen links, sondern an den Prozentwerten rechts. Und da liegt der Wert von Thailand (+ 7,2 %) deutlich über dem von Spanien (+ 3,7 %).*
2	*richtig*	*Hier muss man wissen, welche Länder zu Europa gehören (Italien, Frankreich, Spanien und Großbritannien) und die Werte im Kopf im Überschlag summieren. Auf die genauen Zahlen kommt es hierbei nicht an, denn das Ergebnis ist eindeutig.*
3	*nicht zu entnehmen*	*Hier muss man erkennen, dass der Wert für die drei Staaten nur gemeinsam angegeben ist. Die Einzelwerte sind nicht enthalten, daher ist die Aussage nicht zu entnehmen.*
4	*falsch*	*Hier muss man ganz genau lesen, um diese etwas trickreiche Formulierung zu erkennen: Großbritannien und Japan sollen gemeinsam betrachtet werden.* *Überschlagsrechnung mit gerundeten Werten:* *287.000 + 18.000 = 305.000* *>> 1 % von 305.000 = 3.000* *>> 6 % von 305.000 = 18.000* *Da Japan in 2016 nur um 0,3 % gewachsen wird, wird dieser Wert bei Weitem nicht erreicht. Daher ist die Aussage falsch.*
5	*nicht zu entnehmen*	*Die europäischen Staaten sind nicht vollständig aufgeführt, daher ist die Aussage nicht zu entnehmen.*
6	*falsch*	*Die Werte von Italien (+ 1,3 %) und Deutschland (+ 3,6 %) sind geringer. Daher ist die Aussage falsch.*

b) Eine große Industrieroboter-Anlage wurde in Deutschland fabriziert und soll von Hamburg aus auf dem Seeweg nach China transportiert werden.

▶ Bewerten Sie, welche der aufgeführten fünf Routen von Hamburg nach China korrekte Seewege beschreiben und kreuzen Sie im Lösungsbogen die betreffende(n) Kennnummer(n) an. Die nachfolgend abgebildete Weltkarte dient dabei lediglich zur besseren Orientierung.

Weltkarte:

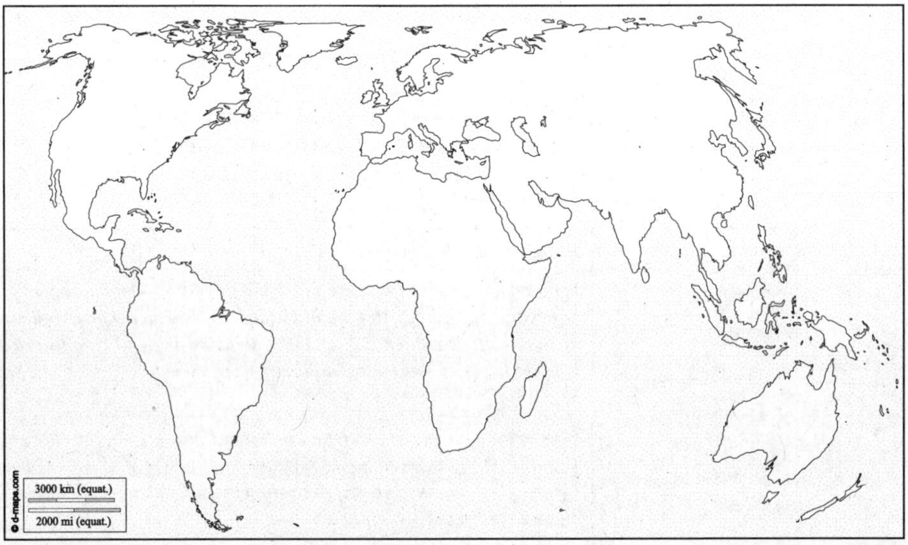

Quelle: http://d-maps.com/carte.php?num_car=3271&lang=de

Seewege von Hamburg nach China:

1	Ostsee – Öresund – Nordsee – Atlantik – Mittelmeer – Kanal von Suez – Rotes Meer – Arabisches Meer – Indischer Ozean – Südchinesisches Meer
2	Nordsee – Ärmelkanal – Atlantik – Mittelmeer – Kanal von Suez – Rotes Meer – Arabisches Meer – Indischer Ozean – Südchinesisches Meer
3	Nordsee – Ärmelkanal – Atlantik – Mittelmeer – Schwarzes Meer – Rotes Meer – Arabisches Meer – Indischer Ozean – Südchinesisches Meer
4	Nordsee – Ärmelkanal – Atlantik – Kap der guten Hoffnung – Indischer Ozean – Südchinesisches Meer
5	Nordsee – Straße von Gibraltar – Atlantik – Mittelmeer – Kanal von Suez – Rotes Meer – Arabisches Meer – Indischer Ozean – Südchinesisches Meer

Meine Lösung:

b) Kreuzen Sie die betreffende(n) Kennnummer(n) an:

	1	**2**	**3**	**4**	**5**
richtig	☐	☐	☐	☐	☐

4 P.**

b) Kreuzen Sie die betreffende(n) Kennnummer(n) an:

	1	2	3	4	5
richtig		X		X	

je 2 Punkte, insgesamt 4 Punkte
Bei mehr als 2 Kreuzen: 2 Punkte Abzug pro zusätzlichem Kreuz (niedrigster Endpunktwert 0)

4 P.**

b) Bei dieser Aufgabe muss man die Seewege Schritt für Schritt durchgehen und die beiden korrekten Wege erkennen. Die Karte kann einem dabei helfen. Notwendig ist aber in jedem Fall, dass Sie die genannten Meere und Meerengen verorten können.
Dass nur 2 Wege richtig sind, es aber doppelte Punktzahl gibt (4 Punkte insgesamt), erkennt man an den beiden Sternchen neben der Punktzahl im Lösungsbogen.

Nummer	*Lösung*	*Begründung/Lösungshinweise*
1	*falsch*	*Ostsee und Öresund liegen nicht auf dem Weg von Hamburg in die Nordsee.*
2	*richtig*	*Diese Route durch das Mittelmeer ist eine der beiden logischen Seewege.*
3	*falsch*	*Das Schwarze Meer ist ein Binnenmeer nordöstlich des Mittelmeers und liegt nicht auf der Route.*
4	*richtig*	*Diese Route, die südliche um Afrika herum führt, ist eine der beiden logischen Seewege.*
5	*falsch*	*Die Straße von Gibraltar liegt nicht zwischen Nordsee und Atlantik.*

7 Roboter und der Blick über die Ländergrenzen

▶ In der nachfolgenden Abbildung werden etliche Staaten aufgelistet. Beantworten Sie die nachfolgenden Fragen, indem Sie die gesuchten Staaten oder Kontinente (7-Kontinente-Modell) auf dem Lösungsbogen eintragen. Verwenden Sie ausschließlich die korrekte deutsche Schreibweise.

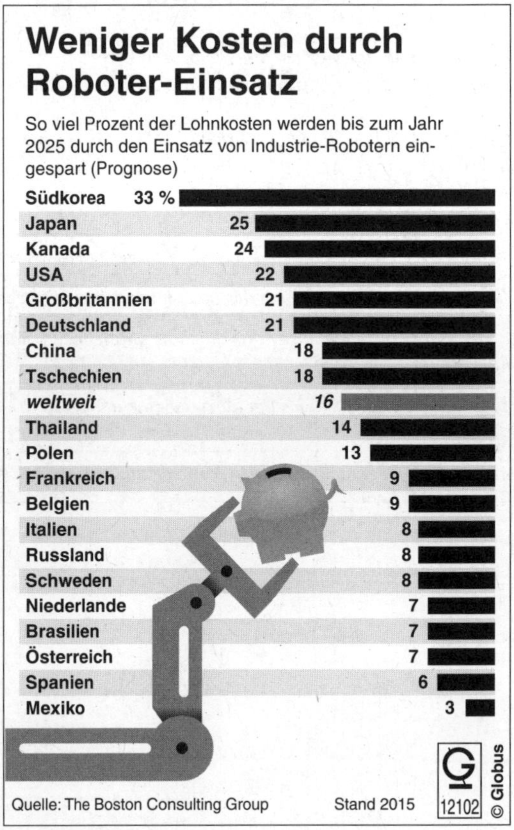

Fragen:

1. In welchem Kontinent liegen die meisten der genannten Staaten?
2. In welchem Kontinent liegt laut Grafik der Staat mit den größten prozentualen Einsparungen bei den Lohnkosten bis 2025?
3. Welcher der genannten Staaten erstreckt sich über zwei Kontinente?
4. Welcher Kontinent ist in der Abbildung mit genau einem Staat vertreten?
5. Welcher der aufgeführten EU-Mitgliedstaaten wird lt. Prognose die geringsten prozentualen Einsparungen bei den Lohnkosten erzielen?

Meine Lösung:

Tragen Sie Ihre Lösungen ein:

1 ______________________ 4 ______________________

2 ______________________ 5 ______________________

3 ______________________

5 P.

7 Roboter und der Blick über die Ländergrenzen

Tragen Sie Ihre Lösungen ein:

1 Europa

2 Asien

3 Russland (nicht: Rußland)

4 Südamerika (nicht: Amerika)

5 Spanien

je 1 Punkt, insgesamt 5 Punkte
1 Punkt Abzug je überzähliger Nennung (niedrigster Endpunktwert 0) 5 P.

Bei dieser Aufgabe muss man die Grafik genau lesen und mit topographischem Grundwissen (z. B. dem Wissen, welche der aufgelisteten Staaten zu Europa gehören) kombinieren.

Frage	*Lösung*	*Begründung/Lösungshinweise*
1	*Europa*	*Abzählbar, wenn man weiß, welche der aufgelisteten Staaten zu Europa gehören.*
2	*Asien*	*Hier muss man wissen, dass Südkorea in Asien liegt.*
3	*Russland*	*Auf diese Frage gibt es nur wenige Staaten, die theoretisch überhaupt in Frage kommen. Die Türkei wäre auch eine mögliche Lösung, ist aber nicht aufgeführt. Daher ist Russland die einzig mögliche Lösung.*
4	*Südamerika*	*Ablesbar, wenn man weiß, welche Länder zu Südamerika gehören. Zu beachten ist hierbei, dass im 7-Kontinente-Modell, das laut Aufgabenstellung hier zu verwenden ist, Nord- und Südamerika getrennte Kontinente darstellen.*
5	*Spanien*	*Ablesbar, wenn man weiß, dass Spanien zur EU gehört.*

8 Die Welt in anderer Perspektive

Bei einer umfassenderen Betrachtung der Thematik „Roboter" wird deutlich, dass eine Fokussierung auf Europa der Sache nicht gerecht wird. Nachfolgend sehen Sie daher eine Weltkarte, die eine andere Zentrierung besitzt.

▶ a) Tragen Sie im Lösungsbogen den deutschen Namen des Ozeans ein, der im Zentrum der Karte steht und mit der Zahl 1 markiert ist.

▶ b) Kreuzen Sie im Lösungsbogen die Kennbuchstaben derjenigen Staaten aus der nachfolgenden Auswahlliste an, die in der folgenden Weltkarte richtig zugeordnet sind.

Weltkarte:

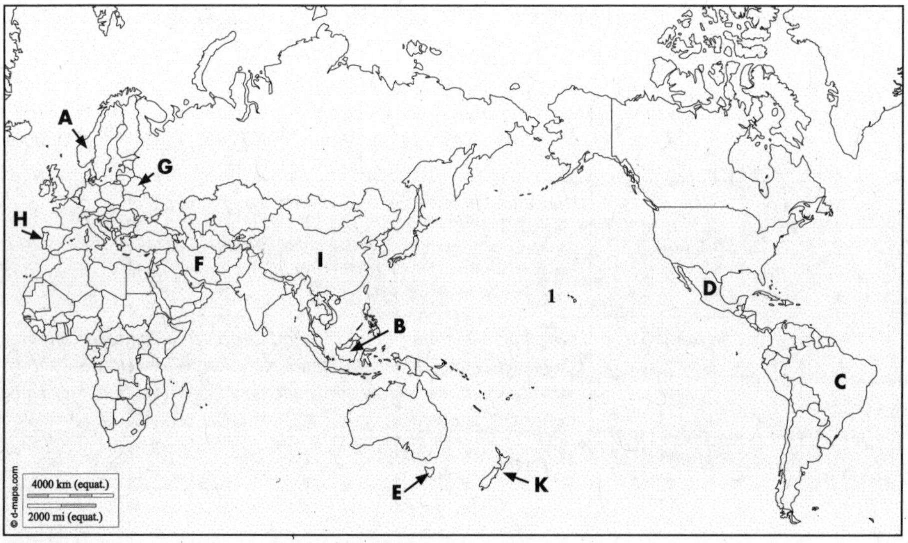

Quelle: http://d-maps.com/carte.php?num_car=3503&lang=de

Auswahlliste:

A	Norwegen	**E**	Neuseeland	**I**	Indien
B	Thailand	**F**	Iran	**K**	Indonesien
C	Argentinien	**G**	Polen		
D	Mexiko	**H**	Portugal		

Meine Lösung:

a) Tragen Sie den gesuchten Namen ein: ______________________________ 2 P.**

b) Kreuzen Sie die richtigen Kennbuchstaben an:

	A	B	C	D	E	F	G	H	I	K
richtig	☐	☐	☐	☐	☐	☐	☐	☐	☐	☐

4 P.

8 Die Welt in anderer Perspektive

a) Tragen Sie den gesuchten Namen ein: **Pazifik/Pazifischer Ozean** 2 Punkte | 2 P.**

b) Kreuzen Sie die richtigen Kennbuchstaben an:

	A	B	C	D	E	F	G	H	I	K
richtig	X			X		X		X		

je 1 Punkt, insgesamt 4 Punkte | 4 P.
Bei mehr als 4 Kreuzen: 1 Punkt Abzug pro zusätzlichem Kreuz (niedrigster Endpunktwert 0)

a) Die Namen der Weltmeere zu kennen (und auch korrekt schreiben zu können), ist topographisches Grundwissen. Hier kann man sich mit einer Nennung 2 Punkte sichern, da die Teilaufgabe doppelt bewertet wird, wie man an den beiden Sternchen neben der Punktzahl im Lösungsbogen erkennen kann. Notwendig ist dafür nur, dass man sich auf der Karte, die nicht auf Europa zentriert ist, orientiert.

b) Bei dieser Aufgabe muss man die Lage der genannten Staaten kennen. Dass 4 Kreuze zu setzen sind, kann man an der Punktzahl erkennen. Die nachfolgende Übersicht erläutert das Vorgehen:

Buchstabe	*Lösung*	*Begründung/Lösungshinweise*
A	*richtig zugeordnet*	*Die Lage Norwegens ist aufgrund der langen Küstenlinie leicht zu erkennen.*
B		*Thailand liegt westlicher, auf dem Festland. Markiert ist Indonesien.*
C		*Argentinien liegt südlicher. Markiert ist Brasilien.*
D	*richtig zugeordnet*	*Bei Mexikos Lage kann man sich an den USA orientieren.*
E		*Neuseeland liegt östlicher und besteht aus 2 Hauptinseln. Markiert ist Tasmanien.*
F	*richtig zugeordnet*	*Bei der Lage des Iran kann man sich an der südlich gelegenen arabischen Halbinsel orientieren.*
G		*Polen grenzt an Deutschland. Markiert ist Weißrussland.*
H	*richtig zugeordnet*	*Bei der Lage Portugals kann man sich an Spanien orientieren.*
I		*Indien liegt südwestlicher. Markiert ist China.*
K		*Indonesien ist mit „B“ gekennzeichnet. Markiert ist Neuseeland.*

9 Roboter und die Industrie 4.0

Industrie 4.0 steht für intelligente, digital vernetzte Systeme, mit deren Hilfe eine weitestgehend selbstorganisierte Produktion möglich wird. Betrachten Sie die nachfolgende Karikatur, die in sarkastisch-ironischer Form zu Aspekten dieser Entwicklung Stellung bezieht.

▶ Kreuzen Sie im Lösungsbogen bei jeder Kennnummer der aufgeführten Aussagen an, ob diese den vom Karikaturisten zum Ausdruck gebrachten Einschätzungen entsprechen (= richtig) oder diesen nicht entsprechen (= falsch).

© *Christiane Pfohlmann*

Aussagen:

1 Die Industrie hat in ihren bisherigen Formen (2.0 und 3.0) zu wenig Arbeitsplätze hervorgebracht.

2 Die Einführung von Robotern kann Arbeitsplätze in einfachen Dienstleistungsberufen erzeugen.

3 Der Karikaturist möchte darauf hinweisen, dass Roboter Arbeitsplätze einsparen.

4 Die Einführung von Robotern dient gering Qualifizierten.

5 Die Karikatur thematisiert die Auswirkungen der Verbreitung von Robotern in der Industrie auf die Anzahl der menschlichen Arbeitsplätze.

Meine Lösung:

Kreuzen Sie an:

	1	2	3	4	5
richtig					
falsch					

5 P.

9 Roboter und die Industrie 4.0

Kreuzen Sie an:

	1	2	3	4	5
richtig			X		X
falsch	X	X		X	

je 1 Punkt, insgesamt 5 Punkte
kein Punkt für jede Spalte mit mehr als einem Kreuz

5 P.

Hier kommt es darauf an, die Abbildung genau zu betrachten und auch das Schild an der Wand wahrzunehmen. Dass es sich hierbei um eine Karikatur handelt und diese Sarkasmus und Ironie verwendet, wird in der Aufgabenstellung ausdrücklich erwähnt. Dies muss unbedingt beachtet werden.

Aussage	*Lösung*	*Begründung/Lösungshinweise*
1	*falsch*	*Diese Aussage ist aus der Karikatur nicht abzuleiten.*
2	*falsch*	*Die Darstellung der Karikatur ist in diesem Sinne nicht wörtlich zu nehmen. Arbeitsplätze in einfachen Dienstleistungsberufen, wie hier dargestellt, werden durch die Industrie 4.0 nicht geschaffen.*
3	*richtig*	*Diese Aussage entspricht der Einschätzung des Karikaturisten.*
4	*falsch*	*Diese Aussage ist nicht zutreffend, denn die Darstellung, die vermeintlich gering Qualifizierte zeigt, ist in diesem Punkt ironisch-sarkastisch zu verstehen.*
5	*richtig*	*Diese Aussage entspricht der Einschätzung des Karikaturisten.*

10 Nicht aus der Reihe tanzen

▶ Ergänzen Sie bei den nachfolgenden Figurenreihen A bis C (Beurteilung je Figurenreihe zeilenweise) die fehlende Figur aus der zugehörigen Auswahlliste. Vermerken Sie im Lösungsbogen jeweils die betreffende Kennnummer.

Reihe A:

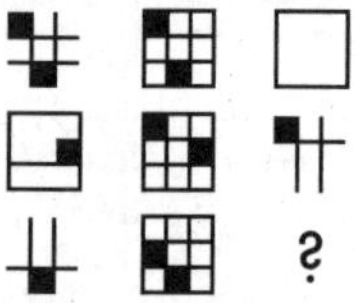

Reihe B:

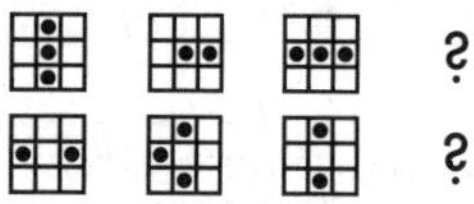

Reihe C:

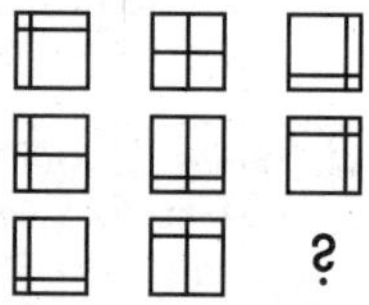

Auswahlliste A:

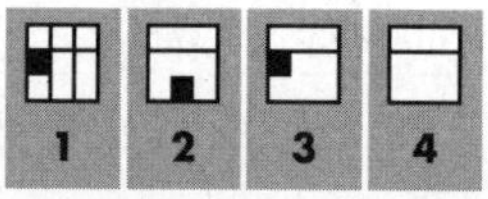

Auswahlliste B:

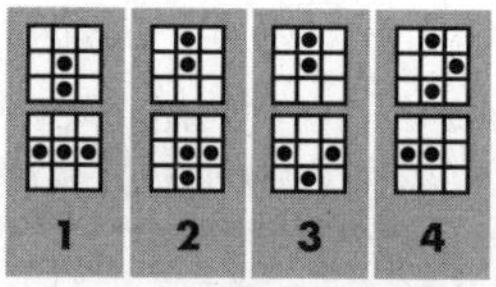

Auswahlliste C:

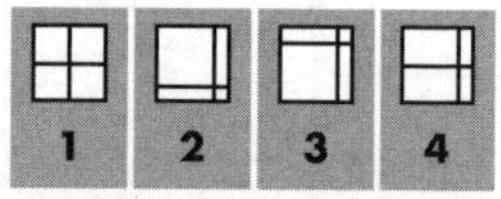

Quelle: http://matrizentest.plakos.de/

Meine Lösung:

Tragen Sie jeweils die betreffende Kennnummer ein:

A **B** **C**

3 P.

10 Nicht aus der Reihe tanzen

Tragen Sie jeweils die betreffende Kennnummer ein:

A	B	C
3	3	4

je 1 Punkt, insgesamt 3 Punkte 3 P.

Die Aufgaben zum logischen Denken kann man sehr gut üben. Bitte beachten Sie hierzu die Hinweise am Anfang des Buches (Abschnitt 2.4.6). Bei logischen Reihen geht es darum, das System zu erkennen.

Reihe	*Lösung*	*Begründung/Lösungshinweise*
A	*3*	*Pro Zeile kommt jedes schwarze Kästchen doppelt vor. In Zeile 3 muss in der gesuchten Figur (Spalte 3) daher das obere der beiden Kästchen stehen.*
B	*3*	*Hier ergibt sich die Lösung aus 2 Denkschritten:* ***Schritt 1:*** *Anzahl der Punkte* *obere Reihe 3 – 2 – 3 – 2* *untere Reihe 2 – 3 – 2 – 3* ***Schritt 2:*** *Anordnung der Punkte* *Die Lösung liegt hier in der Rotation: Figur 1 rotiert zu Figur 3, Figur 2 rotiert zu Figur 4.* ***Lösung:*** *Während nach Schritt 1 die Lösung 1, 2 und 3 richtig sein könnten, kann nach Schritt 2 nur noch Lösung 3 richtig sein.*
C	*4*	*Hier muss man die Spalten von oben nach unten betrachten und es kommt auf die waagrechten und senkrechten Striche an, die in jeder der 3 Positionen (links, Mitte, rechts bzw. oben, Mitte, unten) nur einmal vorkommen dürfen. Folglich kann nur Lösung 4 richtig sein.*

11 Bruno, Bello und die Logik

Lösen Sie die Aufgaben, indem Sie im Lösungsbogen die richtige Antwort ankreuzen bzw. eintragen.

▶ **1** Berta hat vier Hunde mit Namen Bello, Bruno, Mia und Miko. Bruno ist kleiner als Bello. Bello ist kleiner als Mia, aber größer als Miko. Welcher Hund ist der Größte?

▶ **2** Welche Ziffer symbolisiert das Dreieck?

▶ **3** Wie tief sinkt ein Plastikbecher ein, wenn er zu einem Drittel mit Saft gefüllt ins Wasser gelassen wird?

A bis nach unten

B über die Hälfte

C etwa zu einem Drittel

D überhaupt nicht

▶ **4** Welcher Ausschnitt passt in das Muster?

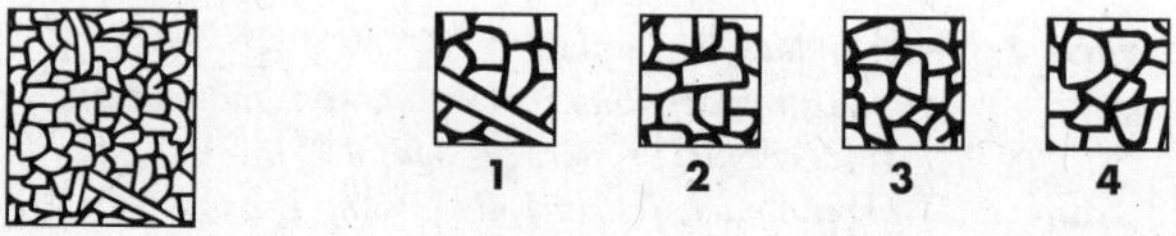

1 **2** **3** **4**

▶ **5** Welche Zahl fehlt?

1	4	2	8	?	24

▶ **6** Welcher Buchstabe folgt? (Die Form des Buchstabens ist für die Lösung ohne Bedeutung.)

D	H	G	K	J	N	?

Quelle Aufgaben 1 bis 4: https://eignungstest.plakos.de/
Quelle Aufgabe 6: https://www.plakos.de/frage/anzeigen/2173-WelcherBuchstabefolgtDHGKJN/

Meine Lösung:

1. Tragen Sie den Namen des größten Hundes ein: ______________________ 1 P.

2. Kreuzen Sie die gesuchte Ziffer an:

1 ☐ **3** ☐ **4** ☐ **6** ☐ **7** ☐ 1 P.

3. Kreuzen Sie den betreffenden Kennbuchstaben an:

A ☐ **B** ☐ **C** ☐ **D** ☐ 1 P.

4. Kreuzen Sie die zutreffende Kennnummer an:

1 ☐ **2** ☐ **3** ☐ **4** ☐ 2 P.**

5. Tragen Sie die fehlende Zahl ein: ☐ 2 P.**

6. Tragen Sie den fehlenden Buchstaben ein: ☐ 2 P.**

11 Bruno, Bello und die Logik

1. Tragen Sie den Namen des größten Hundes ein: **Mia** — 1 Punkt — 1 P.

2. Kreuzen Sie die gesuchte Ziffer an: — 1 Punkt — 1 P.

1	3	4	6	7
			X	

3. Kreuzen Sie den betreffenden Kennbuchstaben an: — 1 Punkt — 1 P.

A	B	C	D
		X	

4. Kreuzen Sie die zutreffende Kennnummer an: — 2 Punkte — 2 P.**

1	2	3	4
	X		

5. Tragen Sie die fehlende Zahl ein: **6** — 2 Punkte — 2 P.**

6. Tragen Sie den fehlenden Buchstaben ein: **M** — 2 Punkte — 2 P.**

Nummer	*Lösung*	*Begründung/Lösungshinweise*
1	*Mia*	*Wenn man die Lösung im Kopf nicht schafft, kann man sich die Namen der Hunde der Größe nach aufschreiben.*
2	*Ziffer 6*	*36 : 6 = 6*
3	*C*	*Der Wasserstand ist innerhalb und außerhalb des Bechers gleich.*
4	*Ziffer 2*	*Hier muss man sich konzentrieren und die Bildausschnitte genau betrachten.*
5	*Ziffer 6*	*Um das System der Abfolge zu erkennen, muss man die Rechenschritte zwischen den Ziffern betrachten:* $1 \cdot 4 = 4; 4 - 2 = 2; 2 \cdot 4 = 8; 8 - 2 = 6; 6 \cdot 4 = 24$ *Das System lautet also:* ***mal 4, minus 2,*** *immer im Wechsel.*
6	*Buchstabe M*	*Hier liegt die Lösung in der Position der Buchstaben im Alphabet. Man zählt die Buchstaben einfach ab und kommt dann auf das System:* ***plus 4, minus 1****, immer im Wechsel.* $D + 4 = H - 1 = G + 4 = K - 1 = J + 4 = N - 1 = M$

12 Industrie 4.0 – die Industrie der Zukunft?

Christoph Kübel, der seit Januar 2012 als einer der Geschäftsführer einer großen deutschen Technologie-Firma für das Personal zuständig ist, stand der Online-Ausgabe von www.zeit.de für ein Interview bezüglich der veränderten Arbeitssituation in der Industrie zur Verfügung. Die Antworten beziehen sich auf die Fragen: Übernimmt ein Roboter in 20 Jahren Ihren Job als Geschäftsführer? Können Roboter uns irgendwann ganz bei der Arbeit ersetzen?

▶ Geben Sie die abgeänderten Antworten von Christoph Kübel für eine Zusammenfassung der Studie in der indirekten Rede wieder. Setzen Sie dazu die Verbformen und die Pronomen im Lösungsbogen in der grammatisch korrekten Form in die Lücken ein. (Hinweis: Eine Umschreibung mit „würde" ist nicht zulässig.)

Christoph Kübel

Dem steht nichts entgegen, wenn der Roboter genauso leidenschaftlich gern Personalchef ist wie ich. Aber im Ernst: Ob meine Kollegen aber wirklich lieber mit einem Roboter sprechen anstatt mit einem Menschen, da bin ich mir nicht sicher. Denn ein Mensch kann auf Bedürfnisse eingehen, mal ein Späßchen machen und Lob aussprechen. Die Vision soll auf jeden Fall nicht die menschenleere Fabrik sein. Die Kombination von Menschen und Robotern bringt die besten Ergebnisse. In Deutschland sind seit 1990 mehr als 130.000 Roboter installiert worden. Trotzdem bleibt die Anzahl der Arbeitsplätze in der Summe gleich. Man automatisiert in den Werken vor allem monotone, sich wiederholende Abläufe. Dafür gibt es neue Stellen, zum Beispiel im Bereich Software.

Quelle: http://www.zeit.de/wirtschaft/unternehmen/2017-09/industrie-40-digitalisierung-bosch-christoph-kuebel, gekürzt und verändert, Stand 28.12.2017

Meine Lösung:

Indirekte Rede:

Christoph Kübel antwortet, dem __________ nichts entgegen, wenn der Roboter genauso leidenschaftlich gern Personalchef __________ wie __________. […] Ob __________ Kollegen aber wirklich lieber mit einem Roboter __________ anstatt mit einem Menschen, da __________ __________ __________ nicht sicher. Denn ein Mensch __________ auf Bedürfnisse eingehen, mal ein Späßchen machen und Lob aussprechen. Die Vision __________ auf jeden Fall nicht die menschenleere Fabrik sein.

Die Kombination von Mensch und Robotern __________ die besten Ergebnisse.

In Deutschland __________ seit 1990 mehr als 130.000 Roboter installiert worden.

Trotzdem __________ die Anzahl der Arbeitsplätze in der Summe gleich.

Man __________ in den Werken vor allem monotone, sich wiederholende Abläufe.

Dafür __________ es neue Stellen, zum Beispiel im Bereich Software.

15 P.

12 Industrie 4.0 – die Industrie der Zukunft?

Indirekte Rede:

Christoph Kübel antwortet, dem **stehe** nichts entgegen, wenn der Roboter genauso leidenschaftlich gern Personalchef **sei** wie **er**. [...] Ob **seine** Kollegen aber wirklich lieber mit einem Roboter **sprächen** anstatt mit einem Menschen, da **sei** **er** **sich** nicht sicher. Denn ein Mensch **könne** auf Bedürfnisse eingehen, mal ein Späßchen machen und Lob aussprechen. Die Vision **solle** auf jeden Fall nicht die menschenleere Fabrik sein.

Die Kombination von Mensch und Robotern **bringe** die besten Ergebnisse.

In Deutschland **seien** seit 1990 mehr als 130.000 Roboter installiert worden.

Trotzdem **bleibe** die Anzahl der Arbeitsplätze in der Summe gleich.

Man **automatisiere** in den Werken vor allem monotone, sich wiederholende Abläufe.

Dafür **gebe** es neue Stellen, zum Beispiel im Bereich Software.

je 1 Punkt, insgesamt 15 Punkte 15 P.

Bei dieser Aufgabe sollen Sie für eine Zusammenfassung der Studie die Antworten des Geschäftsführers Christoph Kübels wiedergeben. Aus diesem Grund dürfen Sie keine direkte (= „wörtliche") Rede verwenden, sondern müssen den Text in die indirekte Rede umformulieren.

Merke:

1. *Verbform wird vom Indikativ (Wirklichkeitsform) in den Konjunktiv I (Möglichkeitsform) verändert.*
2. *Umschreibungen mit „würde" sind laut Aufgabenstellung nicht zulässig.*
3. *Verwendung des Konjunktiv II nur, wenn der Konjunktiv I nicht vom Indikativ zu unterscheiden ist (dies ist oft der Fall bei Verben im Plural).*
4. *Achtung: Auch die Pronomen müssen angeglichen werden. Singular und Plural beachten!*

Zu den Formulierungen in den Lücken:

- *Indikativ > Konjunktiv I:* — *stehe, sei*
- *Änderung Personalpronomen:* — *er*
- *Änderung Possessivpronomens:* — *seine*
- *Konjunktiv II (Konjunktiv I lautet gleich wie der Indikativ):* — *sprächen*
- *Indikativ > Konjunktiv I:* — *sei*
- *Änderung Personalpronomen:* — *er, sich*
- *Indikativ > Konjunktiv I:* — *könne, solle, bringe, seien, bleibe, automatisiere, gebe*

13 Industrie 4.0

Der Fachbegriff „Industrie 4.0" stammt aus einer Forschungsinitiative der Bundesregierung zur Verzahnung von herkömmlicher Industrie mit moderner Kommunikations- und Informationstechnologie. In der nachfolgenden Infografik wird der Weg zur Industrie 4.0 dargestellt.

▶ Vergleichen Sie den Inhalt der Grafik mit den darunter abgedruckten Aussagen. Nicht alle dieser Aussagen geben den Inhalt der Infografik korrekt wieder. Einige Aussagen sind zwar richtig, aber der Infografik nicht zu entnehmen. Kreuzen Sie im Lösungsbogen an, ob folgende Aussagen nach den Angaben in der Grafik richtig, falsch oder der Grafik nicht zu entnehmen sind.

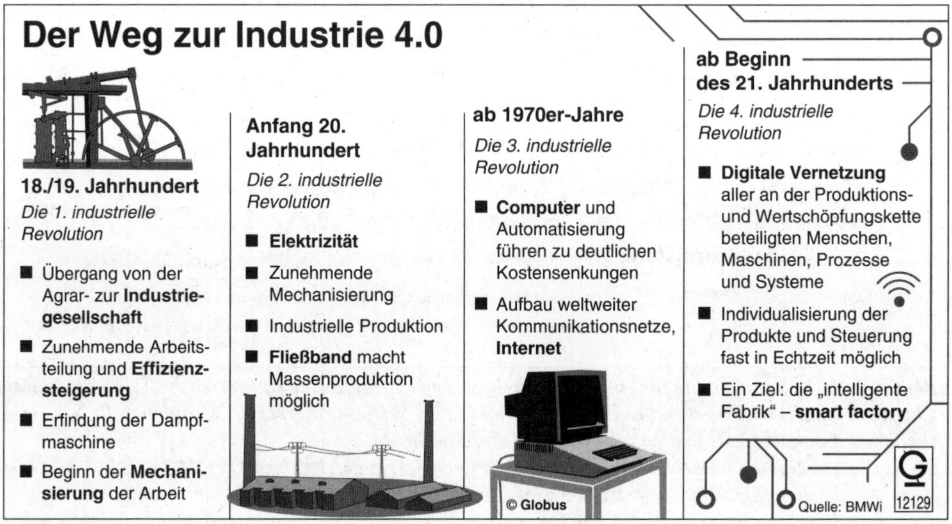

Aussagen:

1 Die in der Grafik dargestellten Informationen stammen von einem bayerischen Automobilkonzern.
2 Erst der Erfinder James Watt verhalf der Dampfmaschine zum Durchbruch.
3 Der Begriff smart factory gehört zur Hightech-Strategie der deutschen Bundesregierung.
4 Der Zeitraum zwischen den industriellen Revolutionen wurde immer kleiner.
5 Seit deren Erfindung nahm die globale Nutzung von Computern kontinuierlich zu.
6 Auf die Automatisierung folgte die Mechanisierung.

Meine Lösung:

Kreuzen Sie an:	**1**	**2**	**3**	**4**	**5**	**6**
richtig						
falsch						
nicht zu entnehmen						

6 P.

13 Industrie 4.0

Kreuzen Sie an:

	1	2	3	4	5	6
richtig				X		
falsch	X					X
nicht zu entnehmen		X	X		X	

je 1 Punkt, insgesamt 6 Punkte
kein Punkt für jede Spalte mit mehr als einem Kreuz

6 P.

Hier sollten Sie zunächst die Infografik sowie die darunter abgedruckten Aussagen mehrmals genau lesen, bevor Sie entscheiden können, ob die jeweilige Aussage richtig, falsch bzw. nicht der Infografik zu entnehmen ist.
***Aussage 1** ist falsch, da als Quelle das „BMWi", also das Bundesministerium für Wirtschaft und Energie angegeben ist.*
*Bei **Aussage 2** könnte Ihnen Ihr Allgemeinwissen ein Schnippchen schlagen: Die angegebene Aussage ist aber nicht dieser Infografik zu entnehmen – ebenso wenig wie die **Aussagen 3 und 5**.*
*Bei **Aussage 4** hilft ein Abschätzen der Abstände zwischen den angegebenen Zeiträumen in den Zwischenüberschriften: Sie ist richtig.*
*In **Aussage 6** stimmt die Abfolge nicht: Erst kam die Mechanisierung, dann die Automatisierung, deshalb ist die Aussage falsch.*

14 Veränderung der Arbeitswelt in Deutschland

Zurzeit verändert sich die Arbeitswelt grundlegend durch die Digitalisierung. In Handwerksbetrieben, in Dienstleistungsunternehmen wie z. B. Banken oder in Handelsunternehmen wie z. B. Kaufhäusern werden Tätigkeiten und Abläufe neu organisiert.

▶ Zur folgenden Infografik „Fit für die Digitalisierung?" liegt Ihnen der unten stehende Lückentext vor. Bitte entnehmen Sie der Infografik die in den Textlücken **(a)** bis **(f)** fehlenden Informationen und tragen Sie diese jeweils (Wörter nicht abkürzen!) in den Lösungsbogen ein.

Lückentext:

Im Zeitraum April bis ____**(a)**____ des Jahres 2017 wurden Personalleiter zu den Auswirkungen der Digitalisierung befragt. Nach ihrer Ansicht ist etwa die Hälfte der Unternehmen stark von der Digitalisierung betroffen, besonders aber die Unternehmen mit ____**(b)**____ Mitarbeitern. Während in Industrie und ____**(c)**____ je etwa die Hälfte der Mitarbeiter gut bis sehr gut auf die Digitalisierung vorbereitet ist, sind dies im Bereich der Dienstleistungen ____**(d)**____ Prozent der Mitarbeiter. Im Handel ist der Anteil der von der Digitalisierung betroffenen Unternehmen um dreizehn ____**(e)**____ höher als in der Industrie. Die Informationen in dieser Grafik wurden vom Unternehmen ____**(f)**____ aufbereitet.

Meine Lösung:

Tragen Sie Ihre Lösungen ein:

(a) ____________________

(b) ____________________

(c) ____________________

(d) ____________________

(e) ____________________

(f) ____________________

6 P.

14 Veränderung der Arbeitswelt in Deutschland

Tragen Sie Ihre Lösungen ein:

(a) Juni

(b) 500 und mehr / fünfhundert und mehr / mindestens 500
(nicht: mehr als 500 / über 500)

(c) Handel

(d) siebzig / 70

(e) Prozentpunkte (nicht: Prozent / %)

(f) Globus

je 1 Punkt (bei korrekter Rechtschreibung und Grammatik!), insgesamt 6 Punkte — 6 P.

Nehmen Sie sich Zeit für die sorgfältige Analyse des Materials. Welche Aussagen werden in der Infografik getroffen? Was wird im Lückentext gesucht? Ein Zahlenwert, ein Fachbegriff oder ein Adjektiv? Beachten Sie, dass Abkürzungen hier nicht zulässig sind. Achten Sie darauf, die Lücken sowohl inhaltlich als auch sprachlich korrekt zu füllen – schreiben Sie nicht zusätzliche Wörter aus dem Lückentext in Ihre Lösung!
Die Lösung zur ***Lücke a*** *lässt sich dem Untertitel der Grafik entnehmen: Ein Quartal umfasst drei Monate, das 2. Quartal dauert von April bis Juni. Deshalb ist hier „Juni" als Lösung einzusetzen.*
Das Balkendiagramm im oberen Bereich der Infografik liefert die Lösung zu ***Lücke b****: Besonders betroffen sind Unternehmen mit „500 und mehr" Mitarbeitern – wenn Sie z. B. „mindestens 500" in die Lücke einsetzen, ist dies ebenfalls richtig. Falsch wäre hier z. B. die Angabe „mehr als 500".*
Bei ***Lücke c*** *finden Sie die Lösung im mittleren Balkendiagramm unten: Hier muss „Handel" ergänzt werden. Für* ***Lücke d*** *findet man dort auch die „70" Prozent.*
Vorsicht bei ***Lücke e****: Für den Handel sind 55 %, für die Industrie 42 % angegeben – der Anteil der betroffenen Unternehmen liegt im Handel also 13 „Prozentpunkte" (nicht: Prozent!) höher.*
Das Unternehmen „Globus" steht bei der Copyright-Angabe unten rechts in der Infografik und stellt die Lösung für ***Lücke f****.*

15 Das Bruttoinlandsprodukt

Zur folgenden Infografik „Die Leistung unserer Wirtschaft" sind vier Gruppen von Aussagen angegeben. Nur eine dieser Gruppen enthält ausnahmslos Aussagen, die auf die Informationen aus der Infografik zutreffen.

▶ Geben Sie den Kennbuchstaben der zutreffenden **Gruppe von Aussagen** auf Ihrem Lösungsbogen an.

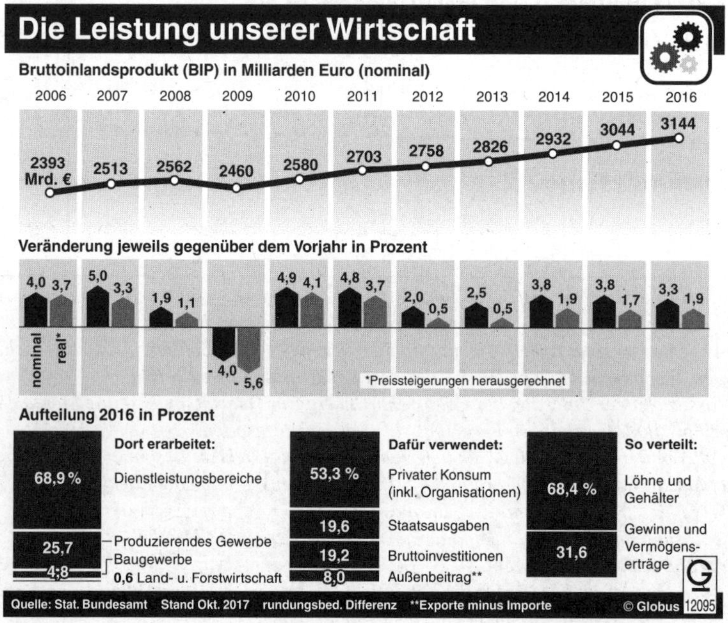

Hinweis:

Das Bruttoinlandsprodukt BIP ist die Summe der Werte aller Güter und Dienstleistungen, die in einer Volkswirtschaft in einem Jahr produziert werden.

A	Die Zahlenwerte in der Infografik stammen vom Staatlichen Bundesamt.
	Im Jahr 2016 betrug das BIP 3.144.000 Euro.
	Über zwei Drittel des BIP wurden 2016 im Dienstleistungsbereich erarbeitet.
B	Etwa ein Viertel des BIP wurde 2016 in der Industrie erarbeitet.
	Die Zahlen stammen aus dem Jahr 2017.
	Über ein Drittel des BIP ging an die Arbeitgeber als Gewinne und Vermögensertrag.
C	Über die Hälfte des BIP wird von Verbrauchern inklusive Organisationen ausgegeben.
	Über zwei Drittel des BIP wurden 2016 im Dienstleistungsbereich erarbeitet.
	Bei den nominalen Werten wurde die Inflationsrate noch nicht herausgerechnet.
D	Das BIP ist in den vergangenen zehn Jahren kontinuierlich gewachsen.
	Im Jahr 2016 betrug das BIP 3.144.000.000 Euro.
	Für den Außenbeitrag muss man die Exporte von den Importen abziehen.

Meine Lösung:

Tragen Sie den Kennbuchstaben der zutreffenden Gruppe von Aussagen ein: ☐

3 P.***

15 Das Bruttoinlandsprodukt

Tragen Sie den Kennbuchstaben der zutreffenden Gruppe von Aussagen ein: **C** 3 Punkte | 3 P.***

Nach dem gründlichen Auswerten der Infografik sollten Sie sich zunächst bei den zwölf Aussagen der vier Gruppen A bis D die jeweils eindeutig richtigen bzw. falschen Aussagen entsprechend markieren. Nur eine der Gruppen enthält die geforderten drei richtigen Aussagen! Über das aus der Fernsehsendung „Wer wird Millionär?" bekannte Ausschlussprinzip finden Sie die Lösung heraus:
Gruppe A: Ein Staatliches Bundesamt gibt es nicht, es handelt sich um das Statistische Bundesamt. Demnach ist die Gruppe A schon mal nicht die gesuchte Aufgabengruppe! Zur Auswertung dennoch weitere Hinweise: Bei der zweiten Aussage fehlen drei Nullen, da es sich um Milliarden Euro handelt. Die dritte Aussage zum Säulendiagramm links unten ist richtig, da zwei Drittel etwa 66,67 % sind.
Gruppe B: Die ersten beiden Aussagen sind richtig (Industrie ist das gleiche wie „Produzierendes Gewerbe"), aber bei der dritten Aussage ist die Umschreibung „über ein Drittel des BIP" falsch, da es nur 31,6 % waren.
Gruppe C ist richtig – hier wird eine richtige Aussage aus Gruppe A wiederholt. In der Infografik werden nominale, nicht reale Werte, bei denen Preissteigerungen herausgerechnet werden, angegeben.
Gruppe D: Die erste Aussage ist wegen des Rückgangs des BIP im Jahr 2009 falsch. Die beiden anderen Aussagen sind richtig.

16 Im Wirrwarr der Jahre

▶ Beantworten Sie die Frage, indem Sie die richtige Jahreszahl (vierstellig) in den Lösungsbogen eintragen.

Wenn 10 Jahre danach 30 Jahre vor heute ist, welches Jahr war dann ein Jahr vorher?

Meine Lösung:

Tragen Sie die richtige Jahreszahl ein: [ ]

2 P.**

17 Sprachlogik

▶ Lösen Sie die Aufgaben, indem Sie die passenden Wörter im Lösungsbogen eintragen.

1 Berg und Tal, Tag und Nacht, Freund und **?**

2 Huhn und Küken, Rind und Kalb, Pferd und **?**

3 Computer und Rechner, Printer und Drucker, Monitor und **?**

Meine Lösung:

Tragen Sie jeweils Ihre Lösung ein:

1	2	3

3 P.

16 Im Wirrwarr der Jahre

Tragen Sie die richtige Jahreszahl ein: **1977** (nicht: 77)

2 Punkte | 2 P.**

Wenn Ihnen die Lösung im Kopf schwer fällt, dann sollten Sie sich die Zwischenlösungen kurz notieren: heute (Tag der Prüfung: 03. 07. 2018) = 2018 > vor 40 Jahren (30 + 10) = 1978 > ein Jahre vorher = 1977

17 Sprachlogik

Tragen Sie jeweils Ihre Lösung ein:

1	2	3
Feind	**Fohlen**	**Bildschirm**

(nicht: Fernseher/ Fernsehapparat)

je 1 Punkt, insgesamt 3 Punkte | 3 P.

Nummer	*Lösung*	*Begründung/Lösungshinweise*
1	*Feind*	*Hier ist der gegensätzliche Begriff gesucht.*
2	*Fohlen*	*Hier ist der Begriff des jeweiligen Jungtiers gesucht.*
3	*Bildschirm*	*Hier ist der entsprechende deutsche Begriff gesucht.*

18 Aufwind für die deutsche Wirtschaft

▶ Im folgenden Zeitungsartikel „Deutsche Wirtschaft weiter im Aufwind" sind sechs Textlücken mit Kennbuchstaben versehen. Ordnen Sie im Lösungsbogen jeweils dem Kennbuchstaben einer Textlücke die Kennnummer des dazu passenden Begriffs aus der Auswahlliste zu.

Deutsche Wirtschaft weiter im Aufwind

Die deutsche Wirtschaft steuert ungeachtet der Unsicherheiten durch die US-Politik und den **(A)** auf ein starkes Jahr 2017 zu. Angetrieben von der **(B)** der Verbraucher und steigenden Investitionen der Unternehmen wuchs das **(C)** von April bis Juni im Vergleich zum Vorquartal um 0,6 Prozent, wie das Statistische Bundesamt am Dienstag in einer ersten Schätzung mitteilte. „Der Aufschwung läuft inzwischen auf eine Hochkonjunktur zu", erklärte ein Chefvolkswirt.

Ein wichtiger Treiber im zweiten Quartal war erneut der private Konsum. Die **(D)** sind in Kauflaune, die Arbeitslosigkeit ist niedrig und Sparen wirft wegen der Niedrigzinsen kaum noch etwas ab.

Die Unternehmen, die sich zeitweise verunsichert mit Investitionen zurückgehalten hatten, steckten mehr Geld in Maschinen und Anlagen. Auch der Bauboom trägt zu dem anhaltenden **(E)** bei. Die Stimmung in den Chefetagen der deutschen Wirtschaft war nach Angaben des Instituts zuletzt so gut wie nie zuvor.

Bremsspuren hinterließ der Außenhandel. Zwar hat der **(F)** im ersten Halbjahr dank der Erholung der Weltkonjunktur an Tempo gewonnen, die Importe legten allerdings noch stärker zu. Den Anstieg der Einfuhren führten Ökonomen insbesondere auf die starke Konjunktur im Inland zurück.

Quelle: Nordbayerischer Kurier vom Mittwoch, 16.08.2017, gekürzt

Auswahlliste:

1 Quartal
2 Brexit
3 Abschreibungen
4 Abschwung
5 Verbraucher
6 Erwerbstätigen
7 Export
8 Aufschwung
9 Importquote
10 Bruttoinlandsprodukt
11 Konjunktur
12 Konsumlust
13 Umsatzsteuergesetz
14 hohen Sparquote
15 Haushaltsdefizit

Meine Lösung:

Ordnen Sie jeweils die zutreffende Kennnummer zu:

A	B	C	D	E	F

6 P.

18 Aufwind für die deutsche Wirtschaft

Ordnen Sie jeweils die zutreffende Kennnummer zu:

A	B	C	D	E	F
2	12	10	5	8	7

je 1 Punkt, insgesamt 6 Punkte 6 P.

Zur Vorbereitung auf diese Art von Aufgaben könnten Sie sich eine Sammlung von wirtschaftlichen Fachbegriffen anlegen, die z. B. mit Karteikärtchen (auf der Vorderseite der Begriff, auf der Rückseite die Erklärung) geübt werden können: Export, Konsum, Konjunktur, Defizit …
Diese Begriffe werden Ihnen in Ihrer Ausbildung im Öffentlichen Dienst ohnehin wieder begegnen.
Auch bei diesem Zeitungsartikel sollten Sie zunächst alle Angaben genau lesen, bevor Sie entscheiden, welche der fünfzehn Begriffe in die Lücken des Textes einzusetzen sind. Lediglich deren Nummern sind im Lösungsbogen jeweils einzutragen – notfalls raten Sie, bevor Sie Lücken leer lassen. Vorsicht – es sind neun zusätzliche Begriffe angegeben, die man nicht benötigt.
Eine gute Lösungsstrategie wäre es, nach mehrmaligem, konzentrierten Lesen des Textes zunächst die Begriffe, bei denen Sie sich sicher sind, sowohl im Text zu notieren als auch in der Auswahl durchzustreichen, um die Auswahl für die weniger eindeutigen Lücken zu verkleinern.
Achtung: Die einzusetzenden Begriffe müssen nicht nur inhaltlich stimmig sein, sondern sich auch grammatikalisch korrekt in den vorgegebenen Satz einfügen (dies kann aber auch eine Hilfe bei der Lösungssuche sein!). Auch das Ausschlussprinzip kann zur Lösung führen.

***(A)** Hier geht es um Unsicherheiten in der Weltpolitik. Auch aufgrund des Artikels „den“ passt nur Begriff **2**.*
***(B)** Da es um Handlungen oder Aktionen von Verbrauchern geht, macht nur Begriff **12** Sinn; er passt auch inhaltlich zu den steigenden Investitionen der Unternehmen.*
*Bei **(C)** geht es um den Aufschwung durch den Konsum und die Investitionen; dieser wird mithilfe des Bruttoinlandsprodukts gemessen, also passt hier **10**. Ein weiterer Hinweis darauf ist der Artikel „das“.*
***(D)** Hier wird die Kauflaune der Verbraucher nochmals betont und ein Begriff in der Mehrzahl weiblich gesucht, also lautet die Lösung Begriff **5**.*
*Bei **(E)** fehlt ein Substantiv im Dativ. Hier gibt der einleitende Satz über Investitionen der Unternehmen einen Hinweis: Zusammen mit dem Bauboom entwickelt sich die Wirtschaftslage positiv, also geht es um Begriff **8**.*
*Bei **(F)** geht es um den schwächelnden Außenhandel, also den Export. Hier passt grammatikalisch nur ein männliches Substantiv. Da im zweiten Satz des Absatzes betont wird, dass die Importe noch stärker zugelegt haben, macht nur Begriff **7** hier Sinn.*

19 Konjunkturprognose für 2017/18

Ihnen liegt eine Infografik namens „Die Prognose der ‚fünf Wirtschaftsweisen'" und dazu nachfolgend ein Lückentext vor. „Wirtschaftsweise" werden umgangssprachlich die fünf Mitglieder des **Sachverständigenrats zur Begutachtung der gesamtwirtschaftlichen Entwicklung** genannt. Dieses Gremium erstellt wissenschaftliche Gutachten zur Wirtschaftsentwicklung Deutschlands.

▶ Betrachten Sie die Grafik genau und ergänzen Sie die Textlücken. Tragen Sie Ihre Lösungen in den Lösungsbogen ein.

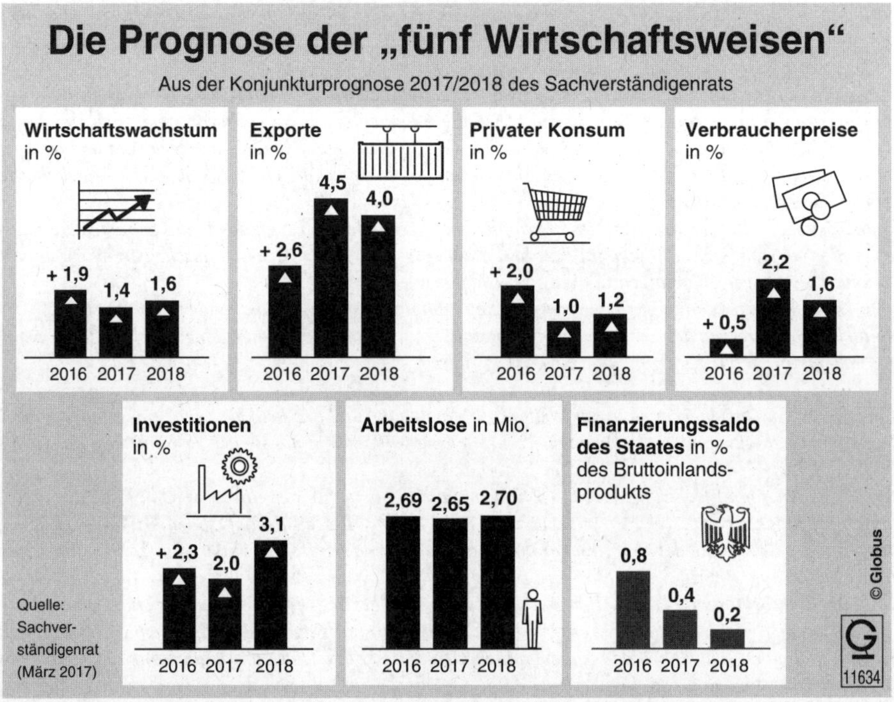

Lückentext:

Laut Prognose des Sachverständigenrats steigt die Zahl der Arbeitslosen im Jahr 2018 gegenüber 2017 um ____(a)____ Tsd., während der Anstieg der Verbraucherpreise wieder ____(b)____. Für das Jahr 2017 wird das Wachstum des Bruttoinlandsprodukts auf ____(c)____ geschätzt. Im Jahr 2018 steigen die ____(d)____ der Unternehmen weiter an, während die Ausfuhren auf hohem Niveau verharren, aber deren Wachstum gegenüber 2017 um ____(e)____ Prozentpunkte geringer ausfällt.

Meine Lösung:

Tragen Sie Ihre Lösungen ein:

(a) ____________________

(b) ____________________

(c) ____________________

(d) ____________________

(e) ____________________

5 P.

19 Konjunkturprognose für 2017/18

Tragen Sie Ihre Lösungen ein:

(a) 50

(b) zurückgeht / abnimmt / sinkt (nicht: zurück geht)

(c) 1,4 Prozent / 1,4 %

(d) Investitionen

(e) 0,5

je 1 Punkt (bei korrekter Rechtschreibung und Grammatik!), insgesamt 5 Punkte 5 P.

Nehmen Sie sich Zeit für die sorgfältige Analyse des Materials. Was wird gesucht? Ein Zahlenwert, ein Fachbegriff oder ein Adjektiv? Achten Sie darauf, dass Sie auf Ihrem Lösungsbogen nicht versehentlich Begriffe aus dem Lückentext, die vor oder nach der Lücke stehen, ergänzen – dann würde Ihre Lösung als falsch gewertet.
Die Lösung zur ***Lücke a*** *lässt sich aus dem Säulendiagramm zur Entwicklung der Arbeitslosigkeit ablesen: Vorsicht, es geht hier im Text um Tausend („Tsd."), während das Diagramm die Einheit Millionen aufweist. Die Zunahme beträgt 0,05 Mio., also 50.000 Arbeitslose. Als Lösung darf demnach nur „50" eingetragen werden.*
Bei ***Lücke b*** *geht es um ein Gegenstück zur Entwicklung der Arbeitslosenzahl: Der Anstieg der Verbraucherpreise nimmt laut dem Säulendiagramm rechts oben wieder ab. Als Lösung können also „zurückgeht" oder „abnimmt" oder „sinkt" eingesetzt werden; „fällt" wäre sprachlich falsch.*
Für ***Lücke c*** *muss man wissen, dass das Wirtschaftswachstum durch das BIP abgebildet wird. Deshalb muss hier das Säulendiagramm links oben ausgewertet werden. Für das Jahr 2017 sind 1,4 % Wachstum des BIP angegeben. In die Lücke darf also entweder „1,4 Prozent" oder „1,4 %" eingesetzt werden.*
Die ***Lücken d*** *und* ***e*** *erfordern eine Analyse zweier Säulendiagramme, denn es geht um eine weitere gegensätzliche Entwicklung: Bei* ***d*** *wird ein weibliches Substantiv im Plural gesucht. Hier passen grammatikalisch die Begriffe „Exporte", „Verbraucherpreise" und „Investitionen". Inhaltlich werden die Exporte im zweiten Teil des Satzes aufgegriffen, sodass bei* ***d*** *„Investitionen" stimmt und bei* ***e*** *der Rückgang der Exporte um „0,5" Prozentpunkte richtig ist.*

20 Wettlauf ins All

Mit ihren Missionen ins Weltall trägt die Raumfahrt maßgebend zur Weiterentwicklung von Robotern bei, teilweise angespornt durch das Kräftemessen der Weltmächte.

▶ Nur eine der folgenden Aussagen je Kennnummer ist historisch zutreffend. Tragen Sie den jeweiligen Kennbuchstaben in den Lösungsbogen ein.

1	A	Als erstes Lebewesen im Weltall umrundete eine Hündin im Rahmen einer sowjetischen Weltraummission die Erde.
	B	Der erste Mensch im Weltall war der US-Amerikaner Buzz Aldrin.
	C	Eine bemannte Weltraummission war bis zur Mondlandung nicht möglich.
2	A	Juri Gagarin setzte als erster Mensch einen Fuß auf den Mond.
	B	Die USA vollbrachten am 20. Juli 1969 die erste bemannte Mondlandung.
	C	Die Mondlandung der USA wurde ohne Interesse der Öffentlichkeit durchgeführt.
3	A	Die USA und die UdSSR arbeiteten bei der ersten Mondlandung eng zusammen.
	B	Nach der ersten Mondlandung erfolgten keine weiteren Missionen zur Erforschung des Mondes.
	C	Weltraumforschung war für die USA und die UdSSR ein Nebenschauplatz des Kalten Krieges.

Meine Lösung:

Tragen Sie jeweils den zutreffenden Kennbuchstaben ein:

1	2	3

6 P.**

20 Wettlauf ins All

Tragen Sie jeweils den zutreffenden Kennbuchstaben ein:

1	2	3
A	B	C

je 2 Punkte, insgesamt 6 Punkte 6 P.**

Die vorliegende Aufgabe lässt sich unter den Themenbereich „Kalter Krieg" einordnen. Damit ist der nach dem Ende des Zweiten Weltkrieges 1945 ausbrechende Konflikt zwischen den beiden Siegermächten USA und UdSSR mit ihren jeweiligen Verbündeten zu verstehen. Die ideologisch aufgeladene Auseinandersetzung der beiden Staaten wurde auf vielen Ebenen geführt. Neben militärischen Konflikten, die in sogenannten „Stellvertreterkriegen" ausgetragen wurden (z. B. Korea- oder Vietnamkrieg), standen sich unterschiedliche politische und wirtschaftliche Systeme gegenüber (Demokratie vs. Kommunismus, freie Marktwirtschaft vs. sozialistische Planwirtschaft). Zudem wurden auch die Bereiche Sport und Wissenschaft zum Spielball der Auseinandersetzung zwischen beiden Machtblöcken. Die Raumfahrt nahm in diesem Zusammenhang eine besondere Rolle ein.
Bei der Themenstellung geht es darum, dass Sie aus drei vorgegebenen Aussagenblöcken jeweils eine richtige Aussage auswählen.

Dazu sind folgende Hintergrundinformationen zum „Kalten Krieg im Weltall" nötig:

- *Im Oktober 1957 gelang es der UdSSR zur Überraschung der USA den ersten Satelliten („Sputnik 1") ins All zu schießen.*
- *Einen Monat später umrundete die Hündin Laika als erstes Lebewesen in „Sputnik 2" die Erde.*
- *Der erste Mensch im Weltall war im April 1961 der sowjetische Kosmonaut Juri Gagarin.*
- *Auf diese sowjetischen Erfolge in der Raumfahrt reagierten die USA mit einer intensivierten Förderung der Wissenschaft und Bildung. Am 20. Juli 1969 feierten die Amerikaner mit der Mondlandung einen Erfolg. Als erster Mensch auf dem Mond wurde Neil Armstrong gefeiert.*

Aufgabenblock 1: Richtig ist Aussage A.
Die beiden anderen Antworten lassen sich mit dem Hintergrundwissen ausschließen, da (B) Buzz Aldrin zwar Teil der US-Mondmission war, aber nicht als erster Mensch ins Weltall gelangte. Antwort C ist falsch, da eine bemannte Weltraummission den UdSSR mit Juri Gagarin bereits vor der Mondlandung gelungen war.
Aufgabenblock 2: Antwort B ist korrekt.
Antwort A ist falsch (s. o.). Antwort C ist ebenfalls nicht korrekt. Die Mondlandung wurde weltweit von Millionen Menschen im TV verfolgt.
Aufgabenblock 3: Antwort C ist richtig.
Antwort A lässt sich ausschließen, weil die USA und die UdSSR erbitterte Gegner waren und eine Zusammenarbeit deshalb nicht möglich gewesen wäre. Antwort B ist auch falsch. Seit der Mondlandung wurden zahlreiche weitere Missionen zum Mond durchgeführt.

21 Der 9. November: Schicksalstag der Deutschen?

Die nachfolgenden Aussagen beziehen sich auf Geschehnisse der deutschen Geschichte des 20. Jahrhunderts, die in verschiedenen Jahren, aber immer am 9. November erfolgten.

▶ Tragen Sie im Lösungsbogen jeweils zur Kennnummer des Ereignisses den Kennbuchstaben der zugehörigen Jahreszahl aus der Auswahlliste ein.

Ereignisse:

1 Der spätere Diktator Adolf Hitler erklärt am 9. November des gesuchten Jahres, zehn Jahre bevor er auf legalem Weg an die Macht kommen wird, die deutsche Regierung für abgesetzt. Nach einem Schusswechsel vor der Münchner Feldherrnhalle wird der Putschversuch niedergeschlagen. Hitler wird vor Gericht gestellt, erhält ein mildes Urteil und nutzt im Anschluss seine neunmonatige Haftzeit, um das Propagandabuch „Mein Kampf" zu verfassen.

2 Nach Monaten der Massenflucht aus der DDR und der sogenannten „Montagsdemonstrationen" beugt sich die SED-Führung der Forderung der Demonstranten und erklärt am 9. November im allgemeinen Durcheinander die Freigabe der Ausreise in die BRD. Noch in der Nacht stürmen begeisterte DDR-Bürger die Grenzübergänge nach Westberlin und feiern die Nacht des Mauerfalls.

3 Am Ende des Ersten Weltkrieges führen Kriegsmüdigkeit und politische Unzufriedenheit zur Revolution in Deutschland. Reichskanzler Max von Baden erklärt am 9. November die Abdankung von Kaiser Wilhelm II. Am gleichen Tag ruft Philipp Scheidemann (SPD) die Republik aus. Dies gilt als die Geburtsstunde der Weimarer Republik.

4 Ein von einem jüdischen Jugendlichen verübtes Attentat auf einen deutschen Botschafter in Paris nimmt die nationalsozialistische Hetzpropaganda zum Anlass, eines der bis zu diesem Zeitpunkt größten Pogrome gegen die jüdische Bevölkerung zu organisieren. Am 9. November brannten in Deutschland Synagogen, jüdische Friedhöfe wurden geschändet, jüdische Besitztümer verwüstet und viele jüdische Bürger verschleppt oder ermordet.

Auswahlliste:

A	B	C	D	E	F	G	H	I	K	L
1911	1918	1919	1923	1927	1933	1938	1945	1968	1989	1990

Meine Lösung:

Tragen Sie jeweils den zutreffenden Kennbuchstaben ein:

1	2	3	4

8 P.**

21 Der 9. November: Schicksalstag der Deutschen?

Tragen Sie jeweils den zutreffenden Kennbuchstaben ein:

1	2	3	4
D	K	B	G

je 2 Punkte, insgesamt 8 Punkte 8 P.**

Den vier Ereignissen muss die jeweils richtige Jahreszahl aus der Auswahlliste zugeordnet werden. Dazu können bestimmte Schlüsselinformationen in den Ereignisbeschreibungen genutzt werden. Weiterhin ist es ratsam, die in den Vorbereitungstipps in diesem Band enthaltenen Jahreszahlen für die Prüfung parat zu haben.
Ereignis 1, der „Hitlerputsch", fand im Jahr 1923 statt. Der Hinweis „..., zehn Jahre bevor er auf legalem Weg an die Macht kommen wird, ..." *kann hilfreich sein, wenn man weiß, dass Adolf Hitler im Jahre 1933 zum Reichskanzler ernannt wurde.*
Ereignis 2 lässt sich auf den 9. November 1989 datieren. Mit dem Hintergrundwissen, dass der Fall der Berliner Mauer in die jüngere deutsche Geschichte einzuordnen ist, bleiben als Antwortmöglichkeiten eigentlich nur 1989 und 1990 übrig. Im letzteren Jahr fand am 3. Oktober aber bereits die Wiedervereinigung von BRD und DDR statt, so dass nur die Antwort 1989 richtig sein kann.
Ereignis 3, die Revolution in Deutschland, trug sich im Jahre 1918 zu. Die notwendige Schlüsselinformation ist „Am Ende des Ersten Weltkrieges ...". *Dieser dauerte von 1914 bis 1918, so dass die Zuordnung klar ist. Die Auswahlmöglichkeiten in diesem Zeitraum lassen nur noch die falschen Jahresangaben 1911 und 1919 übrig.*
Ereignis 4, die „Reichspogromnacht", fand im Jahr 1938 statt. Im Text wird erwähnt, dass die „nationalsozialistische Hetzpropaganda" den Hass auf die Juden in Deutschland schürte und viele jüdische Bürger ermordet oder verschleppt wurden. Die Nationalsozialisten herrschten von 1933 bis 1945 in Deutschland, so dass nur die Antwortmöglichkeiten 1933, 1938 und 1945 zur Auswahl stehen. Da sich der Terror der Nazis gegen Juden aber schrittweise steigerte, wäre das Jahr 1933 zu früh angesetzt. 1945 ging der Zweite Weltkrieg aber bereits am 8. Mai zu Ende, so dass auch diese Antwortmöglichkeit entfällt.

22 Freistaat Bayern – Jubiläum

Die vorliegende Textquelle bezieht sich auf das aktuelle Jubiläum des Freistaates Bayern. Die folgenden Kennnummern beziehen sich auf die mit den Nummern 1 bis 5 gekennzeichneten Textpassagen.

▶ Tragen Sie im Lösungsbogen jeweils den Kennbuchstaben der Aussage ein, die richtig ist.

Quellentext:

> **Proklamation.**
>
> **Volksgenossen!**
>
> Um nach jahrelanger Vernichtung **(1)** aufzubauen, hat das Volk die Macht der Zivil- und Militärbehörden gestürzt und die Regierung selbst in die Hand genommen. Die Bayerische Republik wird hierdurch proklamiert **(2)**. Die oberste Behörde ist der von der Bevölkerung gewählte Arbeiter-, Soldaten- und Bauernrat **(3)**, der provisorisch eingesetzt ist, bis eine endgültige Volksvertretung geschaffen werden wird. Er hat gesetzgeberische Gewalt. Die ganze Garnison hat sich der Republikanischen Regierung zur Verfügung gestellt. Generalkommando und Polizeidirektion stehen unter unserem Befehl. Die Dynastie Wittelsbach **(4)** ist abgesetzt.
>
> Hoch die Republik!
>
> Der Arbeiter- und Soldatenrat.
>
> Kurt Eisner **(5)**

Flugblatt zur Revolution in München
Quelle: Haus der Bayerischen Geschichte, Augsburg

Aussagen:

1	**A**	Die „jahrelange Vernichtung" bezieht sich auf den deutsch-französischen Krieg von 1870/71.
	B	Die „jahrelange Vernichtung" bezieht sich auf den Ersten Weltkrieg 1914 bis 1918.
	C	Die „jahrelange Vernichtung" bezieht sich auf den Deutschen Krieg 1866.
2	**A**	Darunter versteht man die Ausrufung der Republik.
	B	Darunter versteht man die Abschaffung der Republik.
	C	Darunter versteht man die Rückkehr zur Monarchie.
3	**A**	Arbeiter- und Soldatenräte wurden vom bayerischen König als ausführende Gewalt eingesetzt.
	B	Arbeiter- und Soldatenräte übernahmen während der Revolution die Macht in Bayern.
	C	Arbeiter- und Soldatenräte waren in Bayern seit der Revolution von 1848 an der Macht beteiligt.
4	**A**	„Die Dynastie Wittelsbach" steht für das preußische Herrscherhaus.
	B	„Die Dynastie Wittelsbach" steht für das österreichische Kaiserhaus.
	C	„Die Dynastie Wittelsbach" steht für die bayerische Königsfamilie.
5	**A**	Kurt Eisner war der erste Präsident der Weimarer Republik.
	B	Kurt Eisner war der erste Ministerpräsident des Freistaates Bayern.
	C	Kurt Eisner war der letzte Herrscher des Königreiches Bayern.

Meine Lösung:

Tragen Sie jeweils den zutreffenden Kennbuchstaben ein:

1	2	3	4	5

5 P.

22 Freistaat Bayern – Jubiläum

Tragen Sie jeweils den zutreffenden Kennbuchstaben ein:

1	2	3	4	5
B	A	B	C	B

je 1 Punkt, insgesamt 5 Punkte 5 P.

Es ist empfehlenswert, in Vorbereitung auf die Auswahlprüfung einen Blick auf aktuelle Jubiläen zu werfen. Im Prüfungsjahr 2018 jährte sich die Gründung des Freistaates Bayern zum 100. Mal. Aus den markierten Passagen in der Textquelle müssen Sie aus drei Antwortmöglichkeiten die richtige Aussage auswählen.

Aussage 1: Aufgrund des Hintergrundwissens zum Jubiläum sollte als Antwort auf die erste Aussage (2018: hundertjähriges Jubiläum? Ereignisjahr: 1918) ohne Probleme B genannte werden können.

Aussage 2: Richtig ist Antwort A. Unter „Proklamation“ versteht man eine Ausrufung bzw. Bekanntmachung, in diesem Fall die Ausrufung der Republik.

Aussage 3: Korrekt ist Antwort B. Bis zur Revolution herrschte in Bayern fast 1000 Jahre lang die Familie der Wittelsbacher. Diese hätten, dem monarchischen Herrschaftsanspruch entsprechend, nie das „einfache Volk“ wie Arbeiter oder Soldaten an der Macht beteiligt. Deshalb müssen die Antworten A und C falsch sein.

Aussage 4: Antwort C ist richtig. Schließlich geht es um die Revolution in Bayern.

Aussage 5: Antwort B lässt sich mit Hintergrundinformationen zum Jubiläum leicht beantworten. Antwort C kann auch sofort ausgeschlossen werden, da die Textquelle von „unserem Befehl“ spricht, damit die Dynastie Wittelsbach absetzt und von Kurt Eisner unterzeichnet wurde.

23 70 Jahre Berlin-Blockade

▶ Ergänzen Sie die Lücken im nachfolgenden Text mit den passenden Namen oder Begriffen aus der vorgegebenen Auswahlliste. Tragen Sie die jeweiligen Kennbuchstaben in den Lösungsbogen ein.

Hinweis: Nicht alle Einträge der Auswahlliste passen für den Lückentext.

Text:

Berlin-Blockade

Schon kurz nach dem Ende des ____(1)____ Weltkrieges wurden die Konflikte zwischen den Siegermächten USA und ____(2)____ offensichtlich. Nach Einführung der ____(3)____ in Westberlin im Juni 1948 wurden alle Stromlieferungen eingestellt, sowie die ____(4)____ nach Westberlin gesperrt. Etwa 2 Millionen Menschen mussten somit schlagartig ohne Versorgung von außen zurechtkommen. Die USA begannen eine ____(5)____ für Berlin zu organisieren. Gemeinsam mit Großbritannien gelang es, bis zum Ende der Blockade im Mai 1949 die Stadt mit allem Lebensnotwendigen zu versorgen. Sinnbild für die Versorgung Berlins wurden die sogenannten ____(6)____. Die Berlin-Blockade stellte die erste große Krise zwischen den beiden Siegermächten während des Kalten Krieges dar, der geprägt war von einem Wettrüsten und der gegenseitigen Bedrohung mit ____(7)____.

Auswahlliste:

A	Allgemeinen Wehrpflicht	**F**	UdSSR	**L**	Rosinenbomber
B	Atomwaffen	**G**	Auszahlung von Renten	**M**	Luftbrücke
C	Land- und Wasserwege	**H**	Ersten	**N**	Zweiten
D	Frankreich	**I**	biologischen Kampfstoffen	**O**	Versorgungskonvois
E	Spendenaktion	**K**	Deutschen Mark		

Meine Lösung:

Tragen Sie jeweils den zutreffenden Kennbuchstaben ein:

1	2	3	4	5	6	7

7 P.

23 70 Jahre Berlin-Blockade

Tragen Sie jeweils den zutreffenden Kennbuchstaben ein:

1	2	3	4	5	6	7
N	F	K	C	M	L	B

je 1 Punkt, insgesamt 7 Punkte 7 P.

Auch bei dieser Aufgabe ist es hilfreich, sich vorab über Jahrestage zu informieren. Die Berlin-Blockade fällt wie die Ereignisse aus Aufgabe 20 in die Zeit des Kalten Krieges.
Um den Lückentext zu ergänzen, müssen der Auswahlliste die passenden Antworten entnommen werden. Achten Sie darauf, dass die Liste auch falsche Antworten enthält.

Lücke 1: *Sie lässt sich leicht mit Hilfe der Angabe in der Überschrift („70 Jahre") erschließen: 2018 minus 70 ergibt die Jahreszahl 1948. Damit kann mit „dem Ende des ___ Weltkrieges" nur der Zweite Weltkrieg (1939–1945) gemeint sein.*

Lücke 2: *Der Gegenspieler der USA war im Kalten Krieg die UdSSR. Dies sollte zur Beantwortung der zweiten Lücke als Wissen vorausgesetzt werden können.*

Lücke 3: *Die Einführung der Deutschen Mark (DM) gilt als Auslöser der Berlinblockade.*

Lücke 4: *Durch die Sperrung der Land- und Wasserwege war Westberlin von der Außenwelt abgeschnitten und konnte nur noch über die Luftbrücke (Lücke 5) versorgt werden.*

Lücke 6: *Sinnbild wurden die Rosinenbomer: Flugzeuge, die wenige Jahre zuvor noch Bomben über Berlin abwarfen, brachten nun lebensnotwendige Güter in die Stadt.*

Lücke 7: *Die große Gefahr während des Kalten Krieges lag im Einsatz von Atomwaffen.*

24 Kriegsende vor hundert Jahren

▶ Entscheiden Sie durch Ankreuzen im Lösungsbogen, ob die folgenden Aussagen zum Ersten Weltkrieg richtig oder falsch sind.

Aussagen:

1 Auslöser des Ersten Weltkrieges war das Attentat auf den österreichischen Thronfolger Franz Ferdinand und seine Gemahlin in Sarajevo.

2 Das Deutsche Reich unter Kaiser Wilhelm II. rief Österreich-Ungarn zur Zurückhaltung auf und versuchte mit allen Mitteln den drohenden Krieg zu verhindern.

3 Nach einem zunächst schnellen Vorstoß der deutschen Truppen an der Westfront wurden diese jedoch gestoppt und die Front erstarrte im Stellungskrieg.

4 Die Schlacht von Verdun 1916 wurde zum Sinnbild für eine menschenverachtende Industrialisierung des Tötens und für ein sinnloses Massensterben.

5 Im Herbst des Jahres 1917 ereignete sich die Oktoberrevolution in Russland. Als Folge dieses politischen Umsturzes schloss Russland Frieden mit dem Deutschen Reich.

6 Im November 1918 kam es schließlich zum Waffenstillstand. Im Jahr darauf wurde der Friedensvertrag in Versailles unterzeichnet.

Meine Lösung:

Kreuzen Sie an:

	1	2	3	4	5	6
richtig						
falsch						

6 P.

24 Kriegsende vor hundert Jahren

Kreuzen Sie an:

	1	2	3	4	5	6
richtig	X		X	X	X	X
falsch		X				

je 1 Punkt, insgesamt 6 Punkte
kein Punkt für jede Spalte mit mehr als einem Kreuz

6 P.

2018 rundete sich ein weiteres Jubiläum, nämlich das Ende des Ersten Weltkrieges (1914–1918). Es empfiehlt sich, in solchen Gedenkjahren die wichtigsten Ereignisse zu Ursachen, Verlauf und Ergebnis nachzulesen (z. B. in Schulgeschichtsbüchern).
Bei der vorliegenden Aufgabe müssen Sie entscheiden, ob die Aussage richtig oder falsch ist. Kreuzen Sie in jedem Fall eine Antwortmöglichkeit an, auch wenn Sie sich nicht sicher sind. Sie haben schließlich eine 50-prozentige Trefferchance.
Aussage 1 ist richtig.
Aussage 2 ist falsch. Kaiser Wilhelm II. erteilte dem österreichischen Kaiser stattdessen eine Blankovollmacht, in der er ihm bedingungslose Unterstützung, auch im Falle eines Krieges mit Serbien, erteilte.
Aussage 3 ist richtig.
Aussage 4 ist richtig.
Aussage 5 ist richtig.
Aussage 6 ist richtig.

25 100 Jahre Freistaat Bayern, 200 Jahre Verfassungsstaat

Bayern feiert im Jahr 2018 einen doppelten Geburtstag. Während die erste Verfassung von 1818 noch vom König erlassen wurde, erkämpften sich die Bürger Bayerns 1918 durch die Ausrufung des Freistaats die Selbstbestimmung. Aus diesen historischen Anlässen steht die Bayerische Verfassung aktuell in einem besonderen öffentlichen Interesse.

▶ Finden Sie die Begriffe aus der Auswahlliste, die in die Lücken des nachfolgenden Textes passen. Tragen Sie jeweils den Kennbuchstaben des betreffenden Begriffs bei der Kennnummer der zugehörigen Textlücke in den Lösungsbogen ein.

Lückentext:

Der politische Aufbau des Freistaates Bayern

Artikel 3 der Bayerischen Verfassung definiert Bayern als Rechtsstaat. Die Staatsgewalt ist folgendermaßen geteilt:

I. Der Bayerische Landtag übt die gesetzgebende Gewalt aus (= ___(1)___). Die gewählten Abgeordneten sind „Vertreter des Volkes, nicht nur einer Partei. Sie sind nur ihrem ___(2)___ verantwortlich […]" (Art. 13 Abs. 2 BV). Seit 1998 wird das bayerische Parlament alle ___(3)___ Jahre neu gewählt.

II. Die ___(4)___ (= Exekutive) liegt in den Händen der Bayerischen Staatsregierung und ihr nachgeordneter Behörden. Die Regierung des Freistaates Bayern besteht aus maximal 18 Mitgliedern, hierunter die/der Bayerische ___(5)___.

III. Der Bayerische Verfassungsgerichtshof (= Teil der ___(6)___) besteht als oberstes Gericht für staatsrechtliche Fragen (Art. 60 BV).

Quelle (gekürzt und ergänzt):
Bayerischer Landtag (Referat P III): Das Maximilianeum und die Natur (Erläuterungstexte zum Kalender 2017)

Auswahlliste:

A	Mehrheitswahlrecht	**M**	Ministerialpräsidentin/Ministerialpräsident
B	Parteichefin/Parteichef	**N**	Monarchiepräsidentin/Monarchiepräsident
C	Gewissen	**O**	Ministerpräsidentin/Ministerpräsident
D	Absolution	**P**	Willkür
E	Legislative	**Q**	Staatssekretärin bzw. Staatssekretär
F	Initiative	**R**	Landessekretärin bzw. Landessekretär
G	vier	**S**	Rechtspflegerinnen bzw. Rechtspfleger
H	fünf	**T**	vollziehende Gewalt
I	sechs	**U**	dominierende Gewalt
K	Judikative	**V**	Gewaltenteilung
L	Juristerei		

Meine Lösung:

Tragen Sie jeweils den zutreffenden Kennbuchstaben ein:

1	2	3	4	5	6

6 P.

25 100 Jahre Freistaat Bayern, 200 Jahre Verfassungsstaat

Tragen Sie jeweils den zutreffenden Kennbuchstaben ein:

1	2	3	4	5	6
E	C	H	T	O	K

je 1 Punkt, insgesamt 6 Punkte 6 P.

Die korrekte Lösung dieser Aufgabe erfordert die Kenntnis wesentlicher staatsbürgerkundlicher Fachbegriffe. Es genügt jedoch, wenn Sie nach dem Ausschlussprinzip den jeweils richtigen Begriff aus der Liste entnehmen und der jeweiligen Lücke zuordnen.
Haben Sie den Mut, offensichtlich unsinnige bzw. nicht existierende Begriffe zu streichen (z. B. „Monarchiepräsidentin", „Juristerei", „Willkür"). So vereinfachen Sie die weitere Auswahl.

*Der Fachbegriff für die **Lücke 1** lautet „Legislative". Der Begriff leitet sich aus dem Lateinischen ab (lex, legis: das Gesetz) und steht somit für die gesetzgebende Gewalt.*
Die Abgeordneten müssen nicht zwingend die in ihrer Partei vorherrschende Meinung vertreten. Letztendlich sind sie ihrem eigenen „Gewissen" *verantwortlich **(Lücke 2)**.*
*Die Vertreter des bayerischen Landtages werden alle „fünf" Jahre **(Lücke 3)** neu gewählt. Diese Legislaturperiode darf nicht mit der des Bundestages (vier Jahre) verwechselt werden.*
*Unter dem Begriff Exekutive versteht man die „vollziehende Gewalt" **(Lücke 4)**. „Dominierende Gewalt" existiert als Fachbegriff nicht.*
*Für die **Lücke 5** bleibt nach dem Ausschlussprinzip nur die Lösung „Ministerpräsidentin/Ministerpräsident" übrig, ähnlich lautende Lösungen sind unsinnig.*
*Die **Lücke 6** erfordert den Fachbegriff „Judikative". Hier findet sich die gleiche Endung wie in den bereits thematisierten Begriffen „Exekutive" und „Legislative", die anderen Pfeiler der Gewaltenteilung.*

26 Teilnahme an der Bundestagswahl

Zu der nachfolgend abgedruckten Infografik „Wählen? Nein danke." finden Sie sechs Aussagen.

▶ Kreuzen Sie im Lösungsbogen an, welche Aussagen nach den Angaben in der Grafik richtig, falsch bzw. nicht zu entnehmen sind.

Aussagen:

1 Insgesamt kann man in Ostdeutschland 2017 von einer geringeren Wahlbeteiligung als in Westdeutschland sprechen.

2 Bei der ersten gesamtdeutschen Bundestagswahl war die Wahlbeteiligung höher als jemals zuvor in Westdeutschland.

3 Der Anteil der Nichtwähler war in Ostdeutschland vor 1990 gering.

4 Die beiden am südlichsten gelegenen Bundesländer lassen 2017 eine verhältnismäßig hohe Wahlbeteiligung erkennen.

5 Nicht alle Stadtstaaten verzeichneten 2017 eine geringere Wahlbeteiligung als das nördlichste Bundesland.

6 Bei der ersten Bundestagswahl nach der Gründung der Bundesrepublik gingen mehr als drei Viertel der Wahlberechtigten zur Urne.

Meine Lösung:

Kreuzen Sie an:	1	2	3	4	5	6
richtig						
falsch						
nicht zu entnehmen						

6 P.

26 Teilnahme an der Bundestagswahl

Kreuzen Sie an:

	1	2	3	4	5	6
richtig	X			X		X
falsch		X			X	
nicht zu entnehmen			X			

je 1 Punkt, insgesamt 6 Punkte
kein Punkt für jede Spalte mit mehr als einem Kreuz

6 P.

Diese Aufgabe ist etwas anspruchsvoller, da Sie zwei unterschiedliche Diagrammtypen (Linien- und Balkendiagramm) auswerten und teilweise mit geschichtlichen und topographischen Inhalten verknüpfen müssen. Achtung: In den Diagrammen wird der Anteil der Nichtwähler dargestellt. Zur Ermittlung der Wähler (= Wahlbeteiligung) ist also manchmal eine kleine Kopfrechnung nötig.
Insgesamt ist aber auch bei dieser Aufgabe Angst unangebracht! Mit etwas Arbeitszeit können Sie zentrale Inhalte farblich markieren und die Aussagen dann rasch den drei Kategorien „falsch", „richtig" und „nicht zu entnehmen" zuordnen.

Die ***Aussage 1*** *ist richtig. Die Lösung lässt sich allein aus dem Balkendiagramm (rechts) ableiten. Wenn Sie die fünf ostdeutschen Bundesländer markieren, erkennen Sie hier eine vergleichsweise hohe Anzahl an Nichtwählern (= geringe Wahlbeteiligung).*
Die ***Aussage 2*** *hingegen ist falsch. Bei der ersten gesamtdeutschen Bundestagswahl im Jahr 1990 sind 22,2 % Nichtwähler (Wahlbeteiligung also 77,8 %) abzulesen, folglich war die Wahlbeteiligung in Westdeutschland im Jahr 1949 mit 78,5 % noch etwas höher!*
Im Liniendiagramm wird die Wahlbeteiligung bei den Bundestagswahlen abgebildet, folglich können sich die Zahlen nicht auf Ostdeutschland beziehen. Die ***Aussage 3*** *ist somit aus der Infografik nicht zu entnehmen.*
Nun benötigen Sie auch topographische Grundkenntnisse. Bayern und Baden-Württemberg liegen im Süden der Bundesrepublik und zeigen eine verhältnismäßig hohe Wahlbeteiligung (= geringe Anteile von Nichtwählern). Somit ist die ***Aussage 4*** *richtig.*
Das nördlichste Bundesland ist Schleswig-Holstein. Da hier der Anteil der Nichtwähler geringer als in den Stadtstaaten (Berlin, Hamburg, Bremen) ist, ist die ***Aussage 5*** *falsch.*
Weil im Gründungsjahr der Bundesrepublik im Jahr 1949 78,5 % (also > 75 %) der Wahlberechtigten an der Bundestagswahl teilgenommen haben, ist die ***Aussage 6*** *richtig.*

27 Direkte Demokratie in Bayern

In Bayern nimmt der Landtag die zentrale Rolle der Volksvertretung ein. Diese Form der repräsentativen, parlamentarischen Demokratie wird jedoch auch durch die Möglichkeit der direkten Mitbestimmung des Volkes (= plebiszitäre Demokratie) ergänzt.

▶ Ergänzen Sie die Lücken im folgenden Text „Mitbestimmung" durch die passenden Begriffe aus der Auswahlliste. Notieren Sie im Lösungsbogen jeweils den Kennbuchstaben des fehlenden Begriffs.

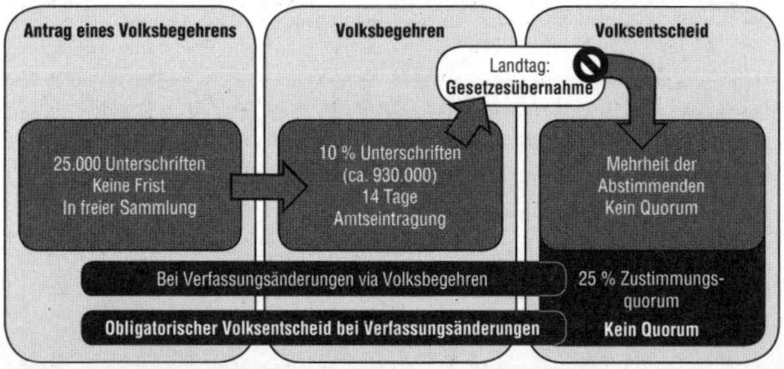

Quelle: https://de.wikipedia.org/wiki/Volksgesetzgebung_in_Bayern#/media/File:Volksgesetzgebungsverfahren_DE_BY.png

Mitbestimmung

Die Bayerische Verfassung (Art. 72–75 BV) sieht die Möglichkeit vor, dass auf Landesebene Gesetzesvorschläge auch vom Volk selbst auf den Weg gebracht (= **(1)**) und beschlossen werden können (= **(2)**). Dabei haben die Verfassungsmütter und Verfassungsväter dieser Volksgesetzgebung auch Grenzen gesetzt: So ist z. B. ein Volksentscheid über den Staatshaushalt unzulässig. Auch darf die Verfassung nicht in einer Weise geändert werden, die ihren demokratischen Grundgedanken widerspricht.

Weitere Hürden sind im Landeswahlgesetz geregelt. So bedarf schon der Antrag auf Zulassung eines Volksbegehrens der Unterschrift von **(3)** Stimmberechtigten. Zur Rechtsgültigkeit eines Volksbegehrens ist es dann erforderlich, dass es von 10 Prozent der Stimmberechtigten (lt. Grafik **(4)** Bürgerinnen und Bürger) unterstützt wird. Und: Eine Verfassungsänderung per Volksentscheid, die auf ein Volksbegehren zurückgeht, bedarf nicht nur der einfachen Mehrheit der Abstimmenden, sondern zusätzlich eines Quorums: Die Ja-Stimmen müssen mindestens **(5)** der Stimmberechtigten entsprechen.

Die hohe Bedeutung der Volksgesetzgebung zeigt sich auch darin, dass die Bayerische Verfassung vom Landtag allein nicht geändert werden kann. In diesem Fall ist sowohl eine Zweidrittelmehrheit im Landtag als auch die Zustimmung durch Volksentscheid nötig, dann aber ohne extra **(6)**.

Quelle (gekürzt und ergänzt):
Bayerischer Landtag (Referat P III): Das Maximilianeum und die Natur (Erläuterungstexte zum Kalender 2017)

Auswahlliste:

A	50.000	**E**	Bürgerbegehren	**I**	12,44 Mio.	**N**	25 Prozent
B	Zweidrittelmehrheit	**F**	ca. 930.000	**K**	Volksbegehren	**O**	Volksentscheid
C	25.000	**G**	Volksabstimmung	**L**	Gesetzesentwurf		
D	Quorum	**H**	Bürgerentscheid	**M**	10 Prozent		

Meine Lösung:

Tragen Sie jeweils den zutreffenden Kennbuchstaben ein:

1	2	3	4	5	6

6 P.

27 Direkte Demokratie in Bayern

Tragen Sie jeweils den zutreffenden Kennbuchstaben ein:

1	2	3	4	5	6
K	O	C	F	N	D

je 1 Punkt, insgesamt 6 Punkte 6 P.

Die direkte Mitbestimmung der Bürger Bayerns durch Volksbegehren bzw. Volksentscheide hat in den letzten Jahren zugenommen.
Zur erfolgreichen Bearbeitung dieser Aufgabe ist kein spezielles Fachwissen erforderlich, alle notwendigen Informationen können dem Schaubild entnommen werden. Deshalb sind wiederum farbliche Markierungen zu empfehlen, um den jeweils richtigen Begriff aus der Auswahlliste zu ermitteln.

*Angesichts der Überschriften in den Fenstern des Schaubildes ist für die **Lücke 1** der Begriff „Volksbegehren" zu wählen. Diesem kann ein „Volksentscheid" **(Lücke 2)** nachfolgen.*
*Das erste Fenster informiert, dass für den ersten Schritt (Antrag auf Zulassung eines Volksbegehrens) „25.000" **(Lücke 3)** Unterschriften benötigt werden.*
*Im mittleren Fenster des Schaubildes ist zu erkennen, dass für die Rechtsgültigkeit eines Volksbegehrens „ca. 930.000" **(Lücke 4)** Unterschriften nötig sind.*
*Im unteren Bereich der drei Fenster wird erklärt, dass bei Verfassungsänderungen mittels Volksbegehren mindestens „25 %" **(Lücke 5)** der Stimmberechtigten zustimmen müssen. Gleichzeitig erläutert das Schaubild in der letzten Zeile, dass sonstige Verfassungsänderungen (auf Initiative des Landtags) die mehrheitliche Zustimmung der Bürger erfordern, jedoch ohne ein derartiges „Quorum" **(Lücke 6)**.*

28 Softwareroboter als Meinungsmacher?

Social Bots sind Softwareroboter, welche in sozialen Medien vorkommen. Häufig sind die Roboter in ihren Aussagen von menschlichen Chat-Teilnehmern nicht zu unterscheiden.

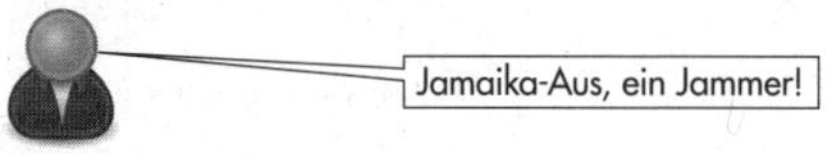

Checker Bavarus

Erna online

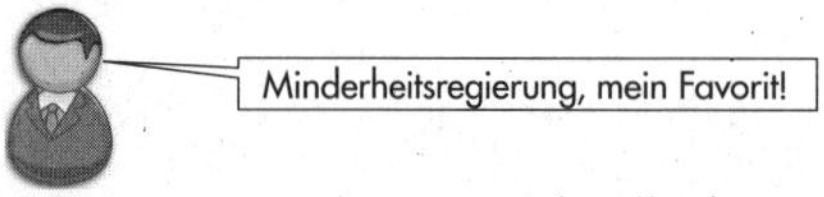

Picus *Avatare: https://pixabay.com*

Bei der Auseinandersetzung mit politischen Meinungsäußerungen sollte der verantwortungsvolle Internetnutzer generell kritisch sein und über ein solides politisches Grundwissen verfügen.

▶ Nur eine der folgenden Aussagen je Kennnummer ist inhaltlich bzw. fachlich richtig. Tragen Sie den jeweiligen Kennbuchstaben der richtigen Aussage ein!

Aussagen:

1	**A**	Die Sondierungsgespräche über die Möglichkeit von Koalitionsverhandlungen zwischen der Union, FDP und Bündnis 90/Die Grünen im Oktober und November 2017 wurden ohne Einigung abgebrochen, sodass der erste Versuch zur Bildung einer schwarz-gelb-grünen deutschen Bundesregierung erfolglos blieb („Jamaika-Aus").
	B	Die Sondierungsgespräche über die Möglichkeit von Koalitionsverhandlungen zwischen der CDU/CSU, FDP und Bündnis 90/Die Grünen im Oktober und November 2017 wurden ohne Einigung abgebrochen, sodass der erste Versuch zur Bildung einer schwarz-gelb-grünen deutschen Landesregierung erfolglos blieb („Jamaika-Aus").
	C	Die Koalitionsverhandlungen zwischen der Union, SPD und Bündnis 90/Die Grünen im Oktober und November 2017 wurden ohne Einigung abgebrochen, sodass der erste Versuch zur Bildung einer schwarz-gelb-grünen deutschen Bundesregierung erfolglos blieb („Jamaika-Aus").

2	**A**	Von einer Minderheitsregierung spricht man in parlamentarischen Systemen, wenn die Fraktionen, welche die Opposition tragen, keine Mehrheit im Parlament haben.
	B	Von einer Minderheitsregierung spricht man in parlamentarischen Systemen, wenn die Fraktionen, welche die Regierung tragen, keine Zweidrittelmehrheit im Parlament haben.
	C	Von einer Minderheitsregierung spricht man in parlamentarischen Systemen, wenn die Fraktionen, welche die Regierung tragen, keine Mehrheit im Parlament haben.

3	**A**	Als Große Koalition wird ein Regierungsbündnis der beiden mandatsstärksten Fraktionen im Parlament bezeichnet. In früheren Legislaturperioden gab es in Deutschland bereits Große Koalitionen unter dem Bundespräsidenten Kiesinger und der Bundespräsidentin Merkel.
	B	Als Große Koalition wird ein Regierungsbündnis der beiden mandatsstärksten Fraktionen im Parlament bezeichnet. In früheren Legislaturperioden gab es in Deutschland bereits Große Koalitionen unter dem Bundeskanzler Kiesinger und der Bundeskanzlerin Merkel.
	C	Als Große Koalition wird ein Regierungsbündnis der beiden mandatsschwächsten Fraktionen im Parlament bezeichnet. In früheren Legislaturperioden gab es in Deutschland bereits Große Koalitionen unter den Bundeskanzlern Kiesinger und Schröder sowie der Bundeskanzlerin Merkel.

Meine Lösung:

Tragen Sie jeweils den zutreffenden Kennbuchstaben ein:

1	**2**	**3**
☐	☐	☐

6 P.**

28 Softwareroboter als Meinungsmacher?

Tragen Sie jeweils den zutreffenden Kennbuchstaben ein:

1	2	3
A	C	B

je 2 Punkte, insgesamt 6 Punkte 6 P.**

Zur Vorbereitung auf die Inhalte einer solchen Aufgabe empfiehlt es sich, in den Monaten vor der Auswahlprüfung das aktuelle politische Tagesgeschehen aufmerksam mitzuverfolgen. Internet, öffentlich-rechtliches Fernsehen und insbesondere Tageszeitungen informieren umfassend.
Die vorliegende Aufgabe lässt sich mit einer gezielten Lesetechnik rasch und erfolgreich bearbeiten:
In einem ersten Durchgang sollte man innerhalb der drei Aussagen der Teilaufgabe 1 offensichtliche Fehler markieren.
Im zweiten Durchgang kann man zusätzlich die voneinander abweichenden Textstellen markieren und bezüglich ihrer Richtigkeit vergleichen.
In gleicher Weise verfährt man dann mit den Teilaufgaben 2 und 3. Können einmal nicht alle Zweifel beseitigt werden, ermöglicht auch gezieltes Raten bei diesem Aufgabentyp eine recht gute Trefferquote.

*Innerhalb der Teilaufgabe 1 ist nur die **Aussage A** vollständig richtig. In der Aussage B ist der Begriff „Landesregierung" falsch, in der Aussage C passt der Begriff „Koalitionsverhandlungen" nicht in den Zusammenhang.*
*Innerhalb der Teilaufgabe 2 ist lediglich die **Aussage C** korrekt. Die Fehlerwörter lauten „Opposition" (Aussage A) und „Zweidrittelmehrheit" (Aussage B).*
*Innerhalb der Teilaufgabe 3 stimmt nur die **Aussage B**. Das Amt des „Bundespräsidenten" wird falsch in Beziehung zu den Bundeskanzlern Kiesinger und Merkel gesetzt (Aussage A). In der Aussage C lauten die Fehlerwörter „mandatsschwächsten [Fraktionen]" und „Schröder".*

29 Texte verbessern

▶ a) Formulieren Sie jeden der folgenden Sätze in ein Satzgefüge um. Ergänzen Sie dazu die Hauptsätze im Lösungsbogen durch einen korrekten, sinngleichen Nebensatz, den Sie aus dem unterstrichenen Teil des jeweiligen Satzes bilden.

1. Der Mangel an Pflegekräften soll auch in Deutschland durch intensive Forschung in der Robotertechnik behoben werden.

2. Trotz des Robotereinsatzes im japanischen Pflegebereich hinterfragen hierzulande viele Menschen die Verwendung von Pflegerobotern ethisch kritisch.

3. Viele Kritiker vermissen vor allem eine echte und menschliche Zuwendung zum Patienten.

Meine Lösung:

a) Ergänzen Sie den fehlenden Nebensatz:

1. Der Mangel an Pflegekräften soll auch in Deutschland behoben werden,
____.

2. ____,
hinterfragen hierzulande viele Menschen die Verwendung von Pflegerobotern ethisch kritisch.

3. Viele Kritiker vermissen vor allem eine Zuwendung zum Patienten,
____.

3 P.

29 Texte verbessern

a) Ergänzen Sie den fehlenden Nebensatz:

1. Der Mangel an Pflegekräften soll auch in Deutschland behoben werden, **indem / dadurch dass intensiv in der Robotertechnik geforscht wird.** (o. Ä.)

2. **Obwohl Roboter im japanischen Pflegebereich eingesetzt werden** (o. Ä.), hinterfragen hierzulande viele Menschen die Verwendung von Pflegerobotern ethisch kritisch.

3. Viele Kritiker vermissen vor allem eine Zuwendung zum Patienten, **die echt und menschlich ist.** (o. Ä.)

je 1 Punkt, insgesamt 3 Punkte
Punktvergabe nur, wenn die Art des gebildeten Nebensatzes korrekt ist 3 P.

a) Die Umformulierung in ein Satzgefüge bedeutet, dass Sie aus den unterstrichenen Formulierungen einen Nebensatz bilden müssen. Dazu haben Sie in der Regel zwei Möglichkeiten: Verwendung einer passenden Konjunktion wie z. B. weil, da, obwohl, dass, nachdem oder Bildung eines Relativsatzes mit der/die/das. Wichtig dabei ist, dass das Prädikat (die gebeugte Form des Verbes) bei einem Nebensatz immer an letzter Stelle des Satzes steht. Die Zeitstufe wird nicht verändert.

Lernhilfe Satz 3:
Sind für ein Nomen zugeschriebene Eigenschaften unterstrichen, ergibt sich daraus folgerichtig die Formulierung eines Relativsatzes, der das Nomen näher beschreibt.
In Satz 3 wird die Zuwendung zum Patienten näher durch die Eigenschaften „echte und menschliche" beschrieben und kann in einen Relativsatz umformuliert werden.
*Viele Kritiker vermissen vor allem eine Zuwendung zum Patienten, **die echt und menschlich ist.***

▶ b) Ergänzen Sie in dem im Lösungsbogen abgedruckten Text **das fehlende Wort** oder schreiben Sie in die Textlücken jeweils die **grammatisch richtige Form der in Klammern angegebenen Wörter.**

Meine Lösung:

b) Tragen Sie Ihre Lösungen ein:

1. Wegen ______ (die fehlende menschliche Zuwendung) stehen Pflegeroboter häufig in der Kritik.
2. Viele Kritiker empfinden deren Einsatz als ______ (ein unmenschlicher Umgang) mit älteren oder kranken Menschen.
3. Sie sehen die Gefahr, dass das Bedürfnis ______ Nähe und Austausch zunehmend von Maschinen befriedigt werden soll und damit Pflegende und Angehörige aus ______ (ihre soziale Verantwortung) entlassen werden.
4. Die Befürworter dagegen sehen angesichts ______ (der stetig ansteigende Bedarf) an Pflegekräften die Chance, einem Mangel an Personal entgegenzuwirken, ______ Roboter könnten den Fachkräften viele Tätigkeiten abnehmen.
5. Außerdem stünde dadurch den Pflegenden auch wieder ______ Zeit für das Zwischenmenschliche zur Verfügung ______ zuvor.
6. ______ (Bei) Heben, Wenden oder Tragen von Patienten können Roboter Pflegekräfte unterstützen und so erheblich zu ______ (ihre körperliche Entlastung) beitragen.

10 P.

b) Tragen Sie Ihre Lösungen ein:

1. Wegen **der fehlenden menschlichen Zuwendung** (die fehlende menschliche Zuwendung) stehen Pflegeroboter häufig in der Kritik.

2. Viele Kritiker empfinden deren Einsatz als **einen unmenschlichen Umgang** (ein unmenschlicher Umgang) mit älteren oder kranken Menschen.

3. Sie sehen die Gefahr, dass das Bedürfnis **nach** Nähe und Austausch zunehmend von Maschinen befriedigt werden soll und damit Pflegende und Angehörige aus **ihrer sozialen Verantwortung** (ihre soziale Verantwortung) entlassen werden.

4. Die Befürworter dagegen sehen angesichts **des stetig ansteigenden Bedarf(e)s** (der stetig ansteigende Bedarf) an Pflegekräften die Chance, einem Mangel an Personal entgegenzuwirken, **denn** Roboter könnten den Fachkräften viele Tätigkeiten abnehmen.

5. Außerdem stünde dadurch den Pflegenden auch wieder **mehr** Zeit für das Zwischenmenschliche zur Verfügung **als** zuvor.

6. **Beim** (Bei) Heben, Wenden oder Tragen von Patienten können Roboter Pflegekräfte unterstützen und so erheblich zu **ihrer körperlichen Entlastung** (ihre körperliche Entlastung) beitragen.

je 1 Punkt pro Lücke, insgesamt 10 Punkte
Punktvergabe nur bei grammatisch richtiger Form der in Klammern angegebenen Wörter
(z. B. kein Punkt, wenn anstelle bestimmtem Artikel der unbestimmte Artikel verwendet wird)

10 P.

b) Lesen Sie jeden Satz zunächst für sich genau durch und überlegen Sie anschließend wie die Lücke grammatikalisch korrekt gefüllt werden muss.
Bei Satzteilen, die in Klammer angegeben sind, müssen diese z. B. häufig in den richtigen Fall gesetzt werden (Sätze 1, 2, 3, 4, 5).

▶ c) Verbessern Sie in dem im Lösungsbogen abgedruckten Text die **zweiundzwanzig** Rechtschreib- bzw. Grammatikfehler. **Streichen Sie die fehlerhaften Wörter durch** und berichtigen Sie diese, indem Sie die Wörter **(komplett!) in der korrekten Schreibweise** deutlich **darüberschreiben**. Ein Beispiel ist vorgegeben.

Meine Lösung:

c) Streichen Sie Falsches durch und schreiben Sie Ihre Korrektur darüber:

Entlastung

Sind Roboter die neue ~~entlastung~~ in der Pflege?

Die stationere Pflegebranche ist vom demografischen Wandel besonders betroffen, sowohl in der Altenpflege als auch im Krankenhaus: Während die Anzahl der Pflegebedürftigen künftig stark zunemen wird, entschliessen sich immer weniger Berufsanfänger für den Pflegeberuf, gleichzeitig scheiden ältere Pflegekräfte wegen der hohen körperlichen und psychischen Belastung frühzeitig aus dem Beruf aus. Das der akkute Personalmangel in Pflegeinstitutionen behoben werden muss, steht auser Frage. Sind aber Roboter tatsächlich eine Option, um das Personal zu entlasten? Was könnte die Zukunft bringen und was alles an innovativem ist bereits im Pflegealtag angekommen? Da keine andere Industrienation so schnell wie Japan überaltert, wahr absehbar, das hier schon frühzeitig die Robotertechnik für die Entlastung der Pflegekräfte als mögliche Chance identifitziert wurde. So giebt es dort seid 2015 den Pflegeroboter „Robear". Dieser hebt Patienten beispielsweise vom Bett in einen Rollstuhl. In Deutschland entwickelten Wissenschafftler vom Fraunhofer Institut die Serviceroboter-Plattform *„Care-o-bot"*. Als interaktifer Butler ist die dritte Producktserie bereits in der Lage gewesen, einfache Asistenzfunktionen im häuslichen Umfeld sowie im Kontext der stationären Pflege in Heimen zu übernehmen. Zum Beispiel kann der Care-o-bot 3 auf Anforderung selbstständig an einem Wasserspender einen Becher holen, diesen hin stellen, Wasser zapfen und den befüllten Becher anschliesend zu einem gewünschten Ort transportieren. Neben all den technischen Neuerungen bleibt aber die Frage, in wie weit der Aspekt Zuwendung bei der Pflege zu kurz kommt. Während die künstlichen Helfer mittlerweile vorallem in Japan akzeptiert sind, sehen die Deutschen den Einsatz von Robotern in der Pflege überwigend noch sehr kritisch. 22 P.

Quelle: Auszug aus dem Artikel „Pflege 4.0: Pflegeroboter können Personal entlasten. Mehr als eine Vision?", http://www.healthrelations.de/pflegeroboter_klinik/, verändert und didaktisch aufbereitet, Zugriffsdatum: 28.12.2017

c) Streichen Sie Falsches durch und schreiben Sie Ihre Korrektur darüber:

Entlastung
Sind Roboter die neue ~~entlastung~~ in der Pflege?

stationäre
Die ~~stationere~~ Pflegebranche ist vom demografischen Wandel besonders betroffen, sowohl in

der Altenpflege als auch im Krankenhaus: Während die Anzahl der Pflegebedürftigen künftig

zunehmen ***entschließen***
stark ~~zunemen~~ wird, ~~entschliessen~~ sich immer weniger Berufsanfänger für den Pflegeberuf,

gleichzeitig scheiden ältere Pflegekräfte wegen der hohen körperlichen und psychischen

Dass ***akute***
Belastung frühzeitig aus dem Beruf aus. ~~Das~~ der ~~akkute~~ Personalmangel in Pflegeinstitutio-

außer
nen behoben werden muss, steht ~~auser~~ Frage. Sind aber Roboter tatsächlich eine Option, um

Innovativem
das Personal zu entlasten? Was könnte die Zukunft bringen und was alles an ~~innovativem~~ ist

Pflegealltag
bereits im ~~Pflegealtag~~ angekommen? Da keine andere Industrienation so schnell wie Japan

war ***dass***
überaltert, ~~wahr~~ absehbar, ~~das~~ hier schon frühzeitig die Robotertechnik für die Entlastung der

identifiziert ***gibt*** ***seit***
Pflegekräfte als mögliche Chance ~~identifitziert~~ wurde. So ~~giebt~~ es dort ~~seid~~ 2015 den Pflege-

roboter „Robear". Dieser hebt Patienten beispielsweise vom Bett in einen Rollstuhl. In

Wissenschaftler
Deutschland entwickelten ~~Wissenschafftler~~ vom Fraunhofer Institut die Serviceroboter-Plattform

interaktiver ***Produktserie***
„Care-o-bot". Als ~~interaktifer~~ Butler ist die dritte ~~Producktserie~~ bereits in der Lage gewesen,

Assistenzfunktionen
einfache ~~Asistenzfunktionen~~ im häuslichen Umfeld sowie im Kontext der stationären Pflege in

Heimen zu übernehmen. Zum Beispiel kann der Care-o-bot 3 auf Anforderung selbstständig an

hinstellen
einem Wasserspender einen Becher holen, diesen ~~hin stellen~~, Wasser zapfen und den befüll-

anschließend
ten Becher ~~anschliesend~~ zu einem gewünschten Ort transportieren. Neben all den technischen

inwieweit
Neuerungen bleibt aber die Frage, ~~in wie weit~~ der Aspekt Zuwendung bei der Pflege zu kurz

vor allem
kommt. Während die künstlichen Helfer mittlerweile ~~vorallem~~ in Japan akzeptiert sind, sehen die

überwiegend
Deutschen den Einsatz von Robotern in der Pflege ~~überwigend~~ noch sehr kritisch.

Quelle: Auszug aus dem Artikel „Pflege 4.0: Pflegeroboter können Personal entlasten. Mehr als eine Vision?", http://www.healthrelations.de/pflegeroboter_klinik/, verändert und didaktisch aufbereitet, Zugriffsdatum: 28.12.2017

je 1 Punkt, insgesamt 22 Punkte — 22 P.
Punktvergabe jeweils **nur, wenn vollständig durchgestrichen und das ganze Wort** korrekt darübergeschrieben wurde
Bei **mehr als 22 Änderungen**: 1 Punkt **Abzug pro überzähliger Änderung** (niedrigster Endpunktwert 0)

Diese Anmerkungen gehören zur Aufgabe auf Seite 92/93.

c) Entnehmen Sie zunächst der Aufgabenstellung, wie viele Fehler gefunden werden müssen, da zu viele „Korrekturen" zu Punktabzug führen. Das Korrigieren einzelner Buchstaben und nicht des ganzen Wortes ist nicht zulässig. Achten Sie unbedingt auf eine leserliche und eindeutige Schreibweise, da sonst hier im Zweifelsfall auch kein Punkt gegeben werden kann.
Verbessern Sie zunächst die Stellen, die Sie sicher erkannt haben und gehen Sie dann erst die Zweifelsfälle an.

Mögliche Rechtschreibfehler:
- *Groß- und Kleinschreibung (z. B. Nominalisierung von Verben …)*
- *Tippfehler (Verdoppeln, Vertauschen oder Auslassen einzelner Buchstaben)*
- *Schreibung von Fremdwörtern*
- *Unterscheidung der s- und anderer Laute*
- *Getrennt- und Zusammenschreibung*

30 Pro Roboter

Zum Thema „Was spricht für den Einsatz von Robotern in der Industrie?" liegen Ihnen eine Stoffsammlung mit sechs Stichpunkten und eine Auflistung von sieben möglichen Oberbegriffen vor.

▶ Die Stichpunkte der Stoffsammlung sollen mithilfe von **drei** Oberbegriffen gegliedert werden. Tragen Sie die Kennbuchstaben der drei passenden Oberbegriffe in die Tabelle im Lösungsbogen ein und ordnen Sie diesen jeweils die Kennnummern der dazugehörigen bzw. am besten dazu passenden Stichpunkte aus der Stoffsammlung zu. (Hinweis: Kein Stichpunkt darf zweimal zugeordnet werden.)

Oberbegriffe:

A Geschichtliche Aspekte
B Kulturelle Aspekte
C Ökologische Aspekte
D Technische Aspekte
E Psychologische Aspekte
F Gesundheitliche Aspekte
G Ökonomische Aspekte

Stoffsammlung:

1 Wiederholgenauigkeit gleicher Tätigkeiten
2 Arbeitsentlastung für den Menschen
3 geringe Betriebs- und Unterhaltskosten
4 zeitlich nahezu unbegrenzte Einsatzfähigkeit
5 Einsparung von hohen Lohnkosten und Sozialabgaben
6 Arbeitseinsatz an für Menschen gefährlichen Stellen

Meine Lösung:

Tragen Sie die Kennbuchstaben der drei passenden Oberbegriffe ein und ordnen Sie diesen jeweils die Kennnummern der dazugehörigen bzw. am besten dazu passenden Stichpunkte aus der Stoffsammlung zu.

Oberbegriffe	Stoffsammlung

6 P.**

30 Pro Roboter

Tragen Sie die Kennbuchstaben der drei passenden Oberbegriffe ein und ordnen Sie diesen jeweils die Kennnummern der dazugehörigen bzw. am besten dazu passenden Stichpunkte aus der Stoffsammlung zu.

Oberbegriffe	Stoffsammlung
D	**1, 4**
F	**2, 6**
G	**3, 5**

pro Zeile jeweils 2 Punkte, insgesamt 6 Punkte
Punktevergabe jeweils nur, wenn genau zwei Kennnummern einem Kennbuchstaben richtig zugeordnet wurden
Reihenfolge beliebig
pro Zeile 0 Punkte bei nicht vollständig korrekter Lösung

6 P.**

Laut Aufgabenstellung sollen die Stichpunkte der Stoffsammlung mithilfe von drei der genannten sieben Oberbegriffen gegliedert werden.
Achtung: auch hier gilt wieder, keinen Stichpunkt doppelt zuordnen, sonst Punktabzug!
Lesen Sie sich zunächst die Stichpunkte genau durch, evtl. können Sie schon ähnliche zusammenfassen, wie im vorliegenden Fall Punkt 3 (geringe Betriebs- und Unterhaltskosten) und Punkt 5 (Einsparung von hohen Lohnkosten und Sozialabgaben). Anschließend ordnen Sie den passenden Oberbegriff zu, wie in diesem Beispiel Oberbegriff G (Ökonomische Aspekte).

31 Robotereinsatz in der Industrie?!

In einem Leserbrief sprechen Sie sich klar für den Einsatz von Robotern in der Industrie aus.

▶ Formulieren Sie hierzu **nur eine** **Behauptung, begründen Sie diese** ausführlich und belegen Sie diese anhand **eines** überzeugenden Beispiels.

Achten Sie auf eine fehlerfreie Sprache und eine abwechslungsreiche Wortwahl.

Meine Lösung:

10 P.

31 Robotereinsatz in der Industrie?!

Inhalt:

Kriterien für die Bewertung des Arguments
- Bezug auf die vorgegebene Situation (Robotereinsatz in der Industrie)
- stichhaltige, logische und folgerichtige Begründung
- Veranschaulichung durch ein passendes Beispiel

Sprache und Rechtschreibung:
- Satzbau weitgehend fehlerfrei
- Wortwahl abwechslungsreich
- Sprachniveau angemessen/situationsgerecht
- korrekte Rechtschreibung

Bei einer **Themaverfehlung** (andere Behauptung) ist die Aufgabe mit **0 Punkten** zu bewerten. In diesem Fall keine Punktvergabe auf Sprache/Rechtschreibung.

Inhalt: maximal 6 Punkte (Behauptung, Begründung, Beispiel: jeweils 2 Punkte)
Sprache und Rechtschreibung: maximal 4 Punkte
insgesamt 10 Punkte 10 P.

Um diese Aufgabe erfolgreich zu meistern, müssen Sie den Aufbau eines Argumentes wissen. Ein Argument besteht grundsätzlich aus einer Behauptung, einer passenden Begründung und einem erläuternden Beispiel.
***Wichtig:** Aufgabenstellung genau lesen. Bei dieser Aufgabenstellung wird lediglich **ein Argument** gefordert, das sich aus der beschriebenen vorgegebenen Situation ableitet. Konkret heißt das, dass Sie einen Aspekt aus Ihrem fiktiven Leserbrief darlegen, weshalb Sie klar für den Einsatz von Robotern in der Industrie sind. Sie müssen keinen vollständigen Leserbrief schreiben.*
Selbstverständlich müssen Sie auf eine fehlerfreie Sprache und eine abwechslungsreiche Wortwahl achten. Beides fließt mit in die Bewertung ein.

32 Investition in Industrieroboter?!?

In einer mittelständischen Firma wird darüber diskutiert, was für die vermehrte Investition in Industrieroboter spricht. Die wichtigsten Argumente wurden stichpunktartig mitnotiert. Dabei gerieten Behauptungen und Begründungen durcheinander. Ordnen Sie den Behauptungen (Beh. 1, Beh. 2, ...) jeweils eine **inhaltlich treffende** Begründung (A, B, ...) zu, sodass schließlich alle Argumentationsbestandteile **eindeutig** zueinanderpassen.

▶ Tragen Sie dazu die Kennbuchstaben der Begründungen zu den entsprechenden Kennnummern der Behauptungen im Lösungsbogen ein.

Gesprächsnotizen

Beh. 1 Reduzierung der Betriebskosten

A Reduzierung von Ausschussteilen auf ein Minimum aufgrund konstant hoher Qualität

Beh. 2 Verbesserung der Produktqualität

B Übernahme gefährlicher und anstrengender Arbeiten

Beh. 3 Steigerung der Produktionsleistung

C Präzision und Wiederholgenauigkeit

Beh. 4 Minimierung der Arbeitsrisiken

D keine Unterbrechung der Produktion aufgrund von Pausen und Erkrankungen

Beh. 5 Reduzierung von Materialabfällen

E Möglichkeit zur Absenkung der Raumtemperatur und Reduktion der Beleuchtung

Meine Lösung:

Tragen Sie jeweils den betreffenden Kennbuchstaben ein:

Behauptung	**1**	**2**	**3**	**4**	**5**
Begründung					

5 P.

32 Investition in Industrieroboter?!?

Tragen Sie jeweils den betreffenden Kennbuchstaben ein:

Behauptung	1	2	3	4	5
Begründung	E	C	D	B	A

je 1 Punkt, insgesamt 5 Punkte 5 P.

Diese Aufgabe ist am einfachsten zu lösen, wenn Sie Schritt für Schritt vorgehen: Lesen Sie sich die erste Behauptung (z. B. Beh 1. Reduzierung der Betriebskosten) durch und überprüfen jede einzelne Begründung, um diejenige zu finden, die inhaltlich eindeutig passt. (Begründung E).

33 Pro Staubsaugroboter

Um Ihre Familie von der Anschaffung eines hochwertigen Staubsaugroboters zu überzeugen, haben Sie sich einige Gedanken notiert.

▶ Kreuzen Sie im Lösungsbogen an, welche der aufgeführten Notizen inhaltlich geeignet bzw. nicht geeignet sind, Ihr Anliegen zu unterstützen.

Notizen für das Gespräch

1. Gründlichkeit
   → wird von Kabeln und vielen Möbeln behindert
2. Selbstständige Erkennung des Bodenbelags
   → benutzt automatisch das entsprechende Reinigungswerkzeug
3. Zeitersparnis
   → arbeitet unabhängig von persönlicher Anwesenheit
4. körperliche Entlastung
   → erfordert keine anstrengende Handhabung

Meine Lösung:

Kreuzen Sie an:	1	2	3	4
geeignet				
nicht geeignet				

4 P.

33 Pro Staubsaugroboter

Kreuzen Sie an:

	1	2	3	4
geeignet		X	X	X
nicht geeignet	X			

je 1 Punkt, insgesamt 4 Punkte
kein Punkt für jede Spalte mit mehr als einem Kreuz

4 P.

Die aufgeführten Notizen müssen daraufhin untersucht werden, ob sie in das geplante Gespräch über die sinnvolle Anschaffung eines hochwertigen Staubsaugroboters passen. Wird inhaltlich ein Zusammenhang hergestellt oder nicht?
Notiz 1 passt nicht zum Thema, da eine Behinderung durch Kabeln und viele Möbeln nicht für die Anschaffung eines Staubsaugroboters passt.

34 Konzentration ist alles

▶ a) Lösen Sie die nachfolgenden Aufgaben, indem Sie im Lösungsbogen die richtige Anzahl eintragen.

1 Wie oft hat sich TOR (Groß-, Kleinschreibung oder gemischt) in der folgenden Aneinanderreihung von Wörtern versteckt?

TORTENPLATTETORToskanaTORTETOKIOTORTILLATÖRTCHENTORTOMATETOLLRosenkontoRRTORWARTTOR PFOSTENTORTOBAKTOPFTORTOPASTOMATENMESSERTorfTOGATOLLPATSCHTONTonträgerTorhöheTOMA-TENMARK

2 Zählen Sie die Anzahl der Buchstaben q, die nicht mehr und nicht weniger als zwei Striche haben:

II		I	II		I	II		I			I	II	I			I		II		I			I	
q	p	q	p	p	q	p	d	p	p	q	p	q	d	q	p	q	p	q	q	q	q	q	p	q
I			I	I	II		I	II		I	II		I			I	II	I			I		II	

3 Wie viele Buchstaben q befinden sich in der folgenden Reihe:

pppqppdddllqldldl dldddqdqqppp yydddqqppppqppppy

▶ b) Durchsuchen Sie den nachfolgenden Buchstabensalat nach den Worten aus der nebenstehenden Wortliste. Kreuzen Sie im Lösungsbogen die Kennnummer eines Wortes aus der Wortliste an, wenn dieses **nicht** im Buchstabensalat zu finden ist.

Buchstabensalat:

A	H	F	D	R	B	A	V	D	O	P	L
S	D	F	H	B	N	U	I	J	H	Z	G
R	D	S	A	U	D	B	E	L	U	D	F
O	G	A	S	E	V	A	U	I	R	O	P
D	C	G	O	U	I	H	G	H	O	R	G
F	F	B	G	T	Z	I	U	S	M	E	R
N	R	E	I	K	G	U	D	T	D	H	E
E	S	R	E	O	I	K	G	U	N	C	R
N	A	U	S	B	I	L	D	U	N	G	A
R	K	J	E	Z	O	I	H	U	B	I	F
E	I	S	L	A	M	Z	L	K	C	K	H
L	D	V	M	U	I	D	U	T	S	B	N

Quelle: https://eignungstest.plakos.de/

Wortliste:

1 Ausbildung
2 Lernen
3 Schule
4 Studium

Meine Lösung:

a) Tragen Sie jeweils Ihre Lösung ein:

1	2	3

3 P.

b) Kreuzen Sie an, was nicht zu finden ist.

1	2	3	4

3 P.***

34 Konzentration ist alles

a) Tragen Sie jeweils Ihre Lösung ein:

1	2	3
12	**2**	**8**

je 1 Punkt, insgesamt 3 Punkte — 3 P.

b) Kreuzen Sie an, was nicht zu finden ist.

1	2	3	4
		X	

3 Punkte
kein Punkt bei mehr als einem Kreuz — 3 P.***

a) Hier geht es bei allen drei Teilaufgaben darum, sich sehr gut zu konzentrieren und zu zählen.
b) Auch hier geht es nur um Konzentration und Genauigkeit. Dass nur 1 Wort anzukreuzen ist, dies aber mit dreifacher Punktzahl gewertet wird, kann man an den 3 Sternchen erkennen, die im Lösungsbogen neben der Punktzahl stehen.

3. DIE PRÜFUNGSAUFGABEN FÜR DAS EINSTELLUNGSJAHR 2020

MIT LÖSUNGEN UND HINWEISEN

Im folgenden Teil Ihres Vorbereitungshefts „Gezielt vorbereitet“ finden Sie die Prüfungsaufgaben und Platz für „Meine Lösung“ jeweils auf der linken Seite, die Lösungen und Lösungshinweise der Autoren auf der rechten Seite.

Zur Vorbereitung auf die Prüfung decken Sie die rechten Seiten jeweils ab und lesen die Aufgaben auf den linken Seiten sorgfältig durch. Tragen Sie unter „Meine Lösung“ die Ihrer Meinung nach richtigen Lösungen ein.

Vergleichen Sie Ihre Antworten dann mit den Musterlösungen auf der rechten Seite und lesen Sie die Lösungshinweise sorgfältig durch – sie helfen Ihnen künftig bei ähnlichen Aufgaben.

Text Dieser Text ist für die Bearbeitung der Aufgaben Nrn. 1 und 2 notwendig.

Die Seuche der Moderne

Anlässlich des Internationalen Tags der Umwelt am 5. Juni berichtete das Statistische Bundesamt, dass es immer mehr Abfall in Deutschland gibt. So ist das Müllaufkommen in Deutschland im Jahr 2016 auf 411,5 Millionen Tonnen gestiegen, das sind 2,3 Prozent mehr als im Vorjahr. 80,7 Prozent aller Abfälle wurden „stofflich oder energetisch verwertet", also recycelt oder zur Energiegewinnung verbrannt, teilte Isabella Mehlin vom Statistischen Bundesamt 1 mit. Mit 16,9 Prozent landete nur ein geringer Teil des Abfalls auf Deponien. Insgesamt ist die Verwertungsquote in den vergangenen zehn Jahren kontinuierlich angestiegen, 2006 lag sie noch bei 74,3 Prozent.

Rund die Hälfte des Mülls sind Bau- und Abbruchabfälle, die im Vorjahresvergleich um 6,6 Prozent zunahmen. Danach folgen „übrige Abfälle", die insbesondere aus Produktion und Gewerbe stammen. Diese gingen um 5,7 Prozent zurück. Die Menge an Siedlungsabfällen, zu denen Haushalts- und Verpackungsabfälle zählen, stieg auf 52,1 Millionen Tonnen an. Das entspricht 12,6 Prozent des gesamten Müllaufkommens. Die Weltbank, eine Sonder- 2 organisation der UN für Wiederaufbau und Entwicklung, warnt in ihrer Studie „What a Waste 2.0" vor einem starken Anstieg der weltweit produzierten Müllmenge. Im Jahr 2050 wird laut Prognosen der Weltbank um 70 Prozent – insgesamt rund 3,4 Milliarden Tonnen – mehr Müll entstehen als derzeit.

Als besonders schwerwiegendes Problem identifiziert die Studie Plastikmüll: „Wenn es nicht richtig gesammelt und gemanagt wird, wird es Gewässer und Ökosysteme auf Jahrhunderte, wenn nicht Jahrtausende kontaminieren und beeinträchtigen", heißt es in den Ausführungen zur Rolle des Plastiks. Dabei ist nicht nur an Makroplastik, also größere Kunststoffteile wie Plastiktüten oder -verpackungen, zu denken, sondern insbesondere auch an das sogenannte Mikroplastik, womit Kunststoffpartikel bezeichnet werden, die fünf Millimeter und kleiner sind. 3 Diese kleinsten Teilchen werden teils bewusst produziert, weil sie beispielsweise in der Industrie benötigt oder als Reibkörper in Kosmetika verwendet werden. Teils entstehen sie durch Abnutzungs- oder Zersetzungsprozesse wie etwa beim Waschen synthetischer Kleidung, der Entsorgung und Zerkleinerung von Abfällen, vor allem aber auch durch den Abrieb von Autoreifen und Fahrbahndecken.

Mikroplastik gerate vor allem über Niederschlagswasser in die Umwelt, heißt es in einer Untersuchung des Fraunhofer-Instituts für Umwelt-, Sicherheits- und Energietechnik in Oberhausen. Durch Regen werde beispielsweise der Reifenabrieb nicht nur in die Kanalisation gespült, sondern nahezu überall hin. Kläranlagen hielten zwar bis zu 95 Prozent des Mikroplastiks zurück. Es könne dann aber über die Nutzung von Klärschlamm in der Landwirtschaft wieder in die Umwelt gelangen. Plastikmüll, das allgegenwärtige Abfallprodukt der globalisierten Konsumgüterindustrie, steckt nicht mehr nur in Weltmeeren, in Mägen von 4 Seevögeln oder – erschreckend genug – im ewigen Eis der Arktis, sondern, wie österreichische Forscher entdeckt haben, mittlerweile auch in den Ausscheidungen menschlicher Probanden. Rein wissenschaftlich war zu erwarten, dass die menschliche Nahrungskette nicht verschont bleibt. Und doch ist die Nachricht erschreckend. Es ist immer noch etwas anderes, ob man an Urlaubsstränden durch Plastikpartikel watet oder von jetzt an mit dem Gefühl leben muss, dass sich Kunststoffe mit schönen Namen wie Polyethylenterephthalat im eigenen Körper befinden.

Fakt jedoch ist, dass winzige Kunststoffpartikel auch in den menschlichen Körper gelangen. Es muss noch geklärt werden, ob der menschliche Körper mit dem Plastik mehr anfängt, als es einfach wieder auszuscheiden. Ein deutlicher Weckruf sollte die Nachricht allerdings sein: Will die Weltgemeinschaft weiter zusehen, wie jährlich Abermillionen Tonnen Plastik in die **5** Umwelt gelangen, um dort je nach Material jahre- oder jahrhundertelang zu verrotten? Wie es sich in immer kleinere Bestandteile zerlegt, bis es in Tiere und Pflanzen gelangt und am Ende ein Bestandteil der menschlichen Ernährung wird?

Es verwundert daher nicht, dass Plastik in der Umwelt mittlerweile einen Großteil der Menschen beschäftigt. Es ist längst kein Thema mehr nur für Aktivisten, sondern geht jeden etwas an. Die Sorge um die Umwelt – und natürlich um unsere eigene Gesundheit – ist in der Mitte der Gesellschaft angekommen. Gefragt danach, welche Gesundheits- und Verbraucherthemen Menschen in Deutschland beunruhigen, steht Mikroplastik in Lebensmitteln laut dem **6** Bundesinstitut für Risikobewertung aktuell auf Platz zwei. Mehr als die Hälfte der Bevölkerung (56 Prozent) sorgt sich um Rückstände, fast ebenso viele machen sich Gedanken über Pflanzenschutzmittelreste im Essen. Nur das Thema Antibiotikaresistenzen verunsichert derzeit mehr Menschen (68 Prozent).

Plastik ist unvorstellbar praktisch, als Verpackung sowieso, aber auch als beliebig formbarer, stabiler, haltbarer und hygienischer Werkstoff. Während die Bedachtsamkeit in Ernährungsfragen allgemein zunimmt, akzeptieren viele Biokäufer und Veganer ebenso wie Discounterfans, dass Obst, Gemüse und andere Nahrungsmittel mit Plastik umhüllt in den Verkaufsregalen liegen. Es scheint so, als ob der Einzelne wenig dagegen zu tun vermag. Appelle an den Endverbraucher dürften ebenso wenig bringen wie ähnliche Mahnungen in Sachen **7** Klimaschutz. Aber wie gesund der Mensch ist, hängt davon ab, wie gesund seine Umwelt ist oder, wenn man so will, der Planet als Ganzes. In medizinischen Fachkreisen nennt sich dieser Gedanke planetare Gesundheit. Die Idee ist so einfach wie einleuchtend: Greift der Mensch in Ökosysteme ein, wirkt das unmittelbar auf ihn zurück. Nachhaltige Veränderung braucht deshalb Mehrheiten und politischen Willen. Es braucht den Willen, die Plastifizierung des Planeten aufzuhalten.

verändert nach:
Patrick Illinger:
https://www.sueddeutsche.de/wissen/mikroplastik-im-koerper-kommentar-1.4181548
Text vom 23. Oktober 2018, aufgerufen am 13.11.2018

erweitert mit:
https://www.zeit.de/wissen/umwelt/2018-06/muell-abfallaufkommen-deutschland-anstieg-statistisches-bundesamt
Text vom 01. Juni 2018, aufgerufen am 17.11.2018

http://www.spiegel.de/wissenschaft/mensch/mikroplastik-der-groesste-verursacher-sind-autoreifen-a-1226400.html
Text vom 04. September 2018, aufgerufen am 17.11.2018

https://www.zeit.de/wissen/umwelt/2018-09/umweltverschmutzung-weltbank-muell-zunahme-milliarden-tonnen-plastik
Text vom 21. September 2018, aufgerufen am 17.11.2018

https://www.bfr.bund.de/de/presseinformation/2018/33/mikroplastik_in_lebensmitteln___viele_ungeklaerte_fragen_bei_wissenschaft_und_oeffentlichkeit-205560.html
Text vom 22. Oktober 2018, aufgerufen am 17.11.2018

Zur Beantwortung der nachfolgenden Fragen Nrn. 1 und 2 lesen Sie bitte den Text „Die Seuche der Moderne" (Text auf Seite 106 f.) aufmerksam durch.

1 Inhalt des Textes

▶ Überprüfen Sie für jeden Textabschnitt, ob die vorgegebenen Behauptungen im Sinne des Textes eindeutig richtig sind, im Hinblick auf die Aussagen des Textes falsch sind oder dem Text nicht zu entnehmen sind. Geben Sie auf dem Lösungsbogen die jeweils richtige Antwort mit folgenden Kennbuchstaben an:

R = im Sinne des Textes eindeutig richtig

F = im Hinblick auf die Aussagen des Textes falsch

NE = dem Text nicht zu entnehmen

Abschnitte 1 und 2 (Zeilen 1–17)

a) 2016 fielen 52,1 Tonnen Verpackungsabfälle an.

b) Dass die Verwertungsquote in den vergangenen Jahren gesteigert werden konnte, ist auch der verbesserten Energietechnologie zu verdanken.

c) Etwa ein Drittel der weltweiten Müllmenge stammt aus Gewerbe und Produktion.

Abschnitt 3 (Zeilen 18–28)

a) Mikroplastik entsteht auch durch die Abnutzung von Straßenbelägen.

b) Plastikteilchen mit einer Größe von 0,2 Zentimetern zählen zum Mikroplastik.

c) Die Schädigung unseres Ökosystems durch Plastikmüll lässt sich nicht einschränken.

Abschnitte 4 und 5 (Zeilen 29–49)

a) Trotz effizienter Kläranlagen werden mindestens 5 Prozent des Mikroplastiks nicht aus den Abwässern herausgefiltert.

b) Nicht nur über die menschliche Nahrungskette, sondern auch über die Haut kann Mikroplastik in den menschlichen Körper aufgenommen werden.

c) Wissenschaftler des Fraunhofer-Instituts für Umwelt-, Sicherheits- und Energietechnik in Oberhausen haben herausgefunden, dass Polyethylenterephthalat auch in den menschlichen Körper gelangt.

Abschnitte 6 und 7 (Zeilen 50–70)

a) Bei der planetaren Gesundheit geht es um die Suche nach Alternativen zu Plastik.

b) Es gibt keinen hygienischen Alternativwerkstoff zu Plastik.

c) Mikroplastik und Pflanzenschutzmittelreste in Lebensmitteln beunruhigen die Menschen in Deutschland am meisten.

Meine Lösung:

Tragen Sie für die Behauptungen a), b) und c) zu den einzelnen Textabschnitten die jeweils zutreffende Kennzeichnung **R, F** oder **NE** ein:

Abschnitte 1 und 2	Abschnitt 3	Abschnitte 4 und 5	Abschnitte 6 und 7
a) ☐	a) ☐	a) ☐	a) ☐
b) ☐	b) ☐	b) ☐	b) ☐
c) ☐	c) ☐	c) ☐	c) ☐

12 P.

KORREKTURRAND NUR FÜR DEN KORREKTOR	
Erst-	Zweitkorrektor
rot	grün
12 P.	

1 Inhalt des Textes

Tragen Sie für die Behauptungen a), b) und c) zu den einzelnen Textabschnitten die jeweils zutreffende Kennzeichnung **R, F** oder **NE** ein:

	Abschnitte 1 und 2	Abschnitt 3	Abschnitte 4 und 5	Abschnitte 6 und 7
a)	F	R	R	F
b)	NE	R	NE	NE
c)	NE	F	F	F

je 1 Punkt, insgesamt 12 Punkte

Bei dieser Aufgabe müssen die jeweils zur Auswahl stehenden Behauptungen dahingehend überprüft werden, ob sie im Sinne des Textes eindeutig richtig (R), im Hinblick auf die Aussagen des Textes falsch (F) oder dem Text nicht zu entnehmen (NE) sind.
Achten Sie unbedingt darauf, ob der Inhalt dem jeweiligen Textabschnitt zu entnehmen ist. *Es können auch mehrere, kürzere Abschnitte zusammengezogen werden. Nehmen Sie sich deshalb Zeit beim sorgfältigen Lesen der einzelnen Abschnitte! Erfahrungsgemäß werden gezielt „Stolpersteine" eingebaut, die bei flüchtigem Lesen zu Fehlern führen!*
Achtung: Es muss pro Abschnitt nicht immer die klassische Aufteilung R, F und NE vorhanden sein. So kann, wie z. B. bei Beispiel Abschnitte 1 und 2, auch zweimal R usw. richtig sein.

Fragestellung zu Textabschnitt 3 als Beispiel:

Aussage a) Diese Behauptung ist richtig (R), da in den Zeilen 27 und 28 beschrieben wird, dass Mikroplastik „vor allem aber auch durch den Abrieb von Autoreifen und Fahrbahndecken." entsteht, was gleichbedeutend zu „Straßenbelägen" ist.

Aussage b) Diese Aussage ist richtig (R), da in Zeile 23 erklärt wird, dass Kunststoffteile, die „5 Millimeter und kleiner sind" als Mikroplastik bezeichnet werden. Die angegebene Zahl entspricht 2 Millimeter.

Aussage c) Diese Behauptung ist falsch, da sie nicht mit dem Inhalt des Textes übereinstimmt. In den Zeilen 1 und 2 steht, dass Plastik zu einem Problem wird, wenn es nicht richtig gesammelt und gemanagt wird.

2 Bedeutung von Fremdwörtern

▶ Tragen Sie zu den folgenden Fremdwörtern jeweils den Kennbuchstaben des Wortes in den Lösungsbogen ein, das dessen Sinn **im vorgegebenen Textzusammenhang** (Text auf Seite 106 f.) am besten wiedergibt.

1. kontinuierlich (Z. 7)

- **A** ansteigend
- **B** stetig
- **C** mehrmalig
- **D** immer wieder

2. Prognose (Z. 16)

- **A** Vorhersage
- **B** Zukunftsdeutung
- **C** Schlussfolgerung
- **D** Feststellung

3. kontaminieren (Z. 20)

- **A** vermengen
- **B** verbinden
- **C** verunreinigen
- **D** verstrahlen

4. Aktivist (Z. 51)

- **A** jemand, der tatkräftig und beharrlich für bestimmte Ziele eintritt
- **B** jemand, der die gesellschaftliche Ordnung umstürzen will
- **C** jemand, der im Auftrag einer politischen Partei handelt
- **D** jemand, der die Meinung anderer nicht gelten lässt

5. praktisch (Z. 59)

- **A** tatsächlich
- **B** geschickt
- **C** zweckdienlich
- **D** natürlich

Meine Lösung:

Tragen Sie den jeweiligen Kennbuchstaben ein:

1	2	3	4	5

5 P.

2 Bedeutung von Fremdwörtern

Tragen Sie den jeweiligen Kennbuchstaben ein:

1	2	3	4	5
B	A	C	A	C

je 1 Punkt, insgesamt 5 Punkte 5 P.

Bei dieser Aufgabe geht es nicht nur darum, eine passende deutsche „Übersetzung" für das Fremdwort zu finden. ***Häufig werden bei den Antworten bewusst ähnliche Bedeutungen verwendet. Sie müssen vor allem darauf achten, dass das gefundene Wort auch den Sinn im vorgegebenen Textzusammenhang wiedergibt.***
Indem man die verschiedenen Möglichkeiten in den vorgegebenen Satz einsetzt, kann man im Zweifelsfall im Ausschlussverfahren die korrekte Antwort finden. Die Fremdwörter sind aus diesem Grund zur Überprüfung der Textstellen mit Zeilenangaben versehen.

3 Plastik in der Diskussion

▶ Neben den Themen 1 bis 6 finden sich jeweils Oberbegriffe für eine Gliederung der Themen. Entscheiden Sie, ob das Thema jeweils richtig gegliedert ist. Das trifft zu, wenn **Inhalt und Anzahl** der Oberbegriffe korrekt sind.

Beispiel (Nr. 0) für eine richtige Gliederung:

Nr.	Thema	Oberbegriffe für die Gliederung
0	Zeigen Sie Argumente für und gegen den Einsatz von Plastik in der Industrie.	I. Pro-Argumente II. Kontra-Argumente

Kreuzen Sie im Lösungsbogen jeweils an, ob das Thema richtig oder falsch gegliedert ist.

Nr.	Thema	Oberbegriffe für die Gliederung
1	Die Abgeordneten des Europaparlamentes haben im Oktober 2018 mit großer Mehrheit für ein europaweites Verbot von Wegwerfprodukten aus Plastik gestimmt. Erörtern Sie die Vorteile dieses Verbotes.	I. Vorteile II. Eigene Meinung
2	Sind Sie der Meinung, dass für Plastikprodukte, die bislang nicht ohne Weiteres durch andere Materialien ersetzbar sind, Steuern eingeführt werden sollen?	I. Vorteile II. Nachteile
3	Jedes Jahr beteiligen sich weltweit hunderttausende Freiwillige am Coastal Cleanup Day und sammeln bei etlichen Aktionen Tonnen von Müll aus Flüssen, Seen und an Stränden. Zeigen Sie auf, weshalb derartige Aktionen für die Zukunft wichtig sind. Welche Maßnahmen müssten ergriffen werden, um diese Aktion in Deutschland noch bekannter zu machen?	I. Gründe II. Maßnahmen
4	Plastikfrei einkaufen in einem herkömmlichen Supermarkt ist nicht möglich. Widerlegen Sie diese These.	I. Möglichkeiten II. Eigene Meinung
5	Beim Precycling geht es darum, beim Einkauf erst gar keinen Verpackungsmüll entstehen zu lassen. Inwiefern können Sie diese Idee umsetzen? Welche Grenzen sind dem Precycling gesetzt?	I. Möglichkeiten II. Grenzen
6	Warum fordern immer mehr Verbraucher plastikfreies Einkaufen? Mit welchen Schwierigkeiten muss man dabei als Konsument rechnen?	I. Persönliche Aspekte II. Ökologische Aspekte III. Schwierigkeiten

Meine Lösung:

Kreuzen Sie an:

	0	1	2	3	4	5	6
richtig	X						
falsch							

6 P.

3 Plastik in der Diskussion

Kreuzen Sie an:

	0	1	2	3	4	5	6
richtig	X			X		X	
falsch		X	X		X		X

je 1 Punkt, insgesamt 6 Punkte
kein Punkt für jede Spalte mit mehr als einem Kreuz

6 P.

*Bei dieser Aufgabe müssen Anzahl der Oberbegriffe **und** Inhalt korrekt sein. Deshalb entscheiden Sie zunächst, ob die Themen ein-, zwei- oder dreigliedrig sind, was folglich in der Gliederung ein, zwei bzw. drei Oberbegriffe erfordert.* ***Wenn die Anzahl der Oberbegriffe nicht übereinstimmt, kann ohne weitere inhaltliche Überprüfung als Antwort „falsch" angekreuzt werden.***
Ist die Anzahl jedoch richtig, ***muss*** *in einem nächsten Schritt genau geprüft werden, ob die benützten Begriffe thematisch zum Inhalt gehören.*

Thema 1: falsch, hier soll nur auf die Vorteile, nicht die eigene Meinung eingegangen werden
Thema 2: falsch, die eigene Meinung muss als Gliederungspunkt aufgeführt werden
Thema 3: richtig, sowohl Gründe als auch Maßnahmen sind gefragt
Thema 4: falsch, hier soll nur eine Seite eines Themas widerlegt werden
Thema 5: richtig, sowohl Möglichkeiten als auch Grenzen sind gefragt
Thema 6: falsch, es handelt sich hier nicht um ein dreigliedriges Thema

4 Kein Plastik – aber was dann?

▶ a) Im Lösungsbogen finden Sie einen Auszug des Textes „Kein Plastik – aber was dann?" in abgeänderter und verkürzter Form. In dem Textabschnitt sind entweder Ausdrucks- oder Grammatikfehler unterstrichen. Tragen Sie zu jeder dieser Markierungen am Rand jeweils einen Verbesserungsvorschlag (jeweils nur ein Wort, bei Grammatikfehlern kein Ersatzwort) in der dafür vorgesehenen Spalte ein. In dem Text sind keine Rechtschreib- oder Satzzeichenfehler zu berichtigen!

Meine Lösung:

a) Verbesserungsvorschläge

Text	Verbesserungsvorschlag
Die Menschen haben genug wegen Plastikver-	z. B.: von
packungen: Etwa drei Viertel der Deutschen sehen Plastikmüll als eine große Gefahr an die	
Umwelt. Trotzdem fällt hierzulande nicht deutlich wenig davon an.	
Kauft man in einem normalen Supermarkt ein, geht das kaum, ohne hinterher eine Unmenge von Verpackungen zu versorgen.	
Auch oder gerade, wenn man Bioprodukte kauft. Denn die Händler sind dazu verpflichtet, Bioprodukte von konventionell angebautem Obst und Gemüse unterschiedlich zu machen	
und das Siegel der Ökokontrollstelle auszuzeichnen. Seit Jahren forschen daher viele Institute und große Konzerne an biologisch abbaubaren Kunststoffen oder Materialien, die von nach-	
wachsenden Rohstoffen hergestellt werden. Beides wird unter dem Begriff Biokunststoff zusammengefasst. Der Markt mit solchen Materialien wächst immer mehr, doch Kritiker warnen schon lange: So grün wie ihr Image sind die Biokunststoffe gar nicht. Seit ein paar Jahren	
warben die großen Supermarktketten zum Beispiel mit einer „biologisch abbaubaren" Einkaufstüte. Der Hype hält nicht lange an, denn	
Nachforschungen der Deutschen Umwelthilfe zeigten: Ebenso wie die dünnen, milchigen Biomüllbeutel sind solche Tüten meist weder gut kompostierbar noch besonders nachhaltig in der Herstellung. Auch das Umweltbundesamt, der BUND und Greenpeace sehen Verpackungen aus Bioplastik kritisch und vermuten Verbrauchertäuschung. Für haltbare, langlebige und nicht abbaubare Produkte aus Kunststoff kann	

4 Kein Plastik – aber was dann?

a) Verbesserungsvorschläge

Text	Verbesserungsvorschlag
Die Menschen haben genug <u>wegen</u> Plastikverpackungen:	z. B.: *von*
Etwa drei Viertel der Deutschen sehen Plastikmüll als eine große Gefahr <u>an</u> die Umwelt.	**für**
Trotzdem fällt hierzulande nicht deutlich <u>wenig</u> davon an.	**weniger**
Kauft man in einem normalen Supermarkt ein, geht das kaum, ohne hinterher eine Unmenge von Verpackungen zu <u>versorgen</u>. Auch oder gerade, wenn man Bioprodukte kauft.	**entsorgen**
Denn die Händler sind dazu verpflichtet, Bioprodukte von konventionell angebautem Obst und Gemüse <u>unterschiedlich</u> zu machen und das Siegel der Ökokontrollstelle auszuzeichnen.	**unterscheidbar**
Seit Jahren forschen daher viele Institute und große Konzerne an biologisch abbaubaren Kunststoffen oder Materialien, die <u>von</u> nachwachsenden Rohstoffen hergestellt werden. Beides wird unter dem Begriff Biokunststoff zusammengefasst. Der Markt mit solchen Materialien wächst immer mehr, doch Kritiker warnen schon lange: So grün wie ihr Image sind die Biokunststoffe gar nicht.	**aus**
<u>Seit</u> ein paar Jahren warben die großen Supermarktketten zum Beispiel mit einer „biologisch abbaubaren" Einkaufstüte.	**Vor**
Der Hype <u>hält</u> nicht lange an, denn Nachforschungen der Deutschen Umwelthilfe zeigten: Ebenso wie die dünnen, milchigen Biomüllbeutel sind solche Tüten meist weder gut kompostierbar noch besonders nachhaltig in der Herstellung. Auch das Umweltbundesamt, der BUND und Greenpeace sehen Verpackungen aus Bioplastik kritisch und vermuten Verbrauchertäuschung. Für haltbare, langlebige und nicht abbaubare Produkte aus Kunststoff kann	**hielt**

Meine Lösung:

Text	Verbesserungsvorschlag	
Bioplastik durchaus eine Alternative sein, z. B. im Haushalt, in der Automobilbranche oder der Luftfahrt. Biokunststoffe tragen dazu bei, dass weniger Erdöl und stattdessen nachwachsende Rohstoffe verwendet werden. Wichtig ist es dabei, die komplette Wertschöpfungskette im Blick zu haben und auf Regionalität zu achten. Aufbereitung, Recycling und Mehrweg von solch langlebigen Produkten <u>ist</u> durchaus möglich, der Forschungsbedarf ist hier aber noch hoch. Der Einsatz von kompostierbaren Kunststoffen ist dagegen – abgesehen von wenigen Ausnahmen wie Implantaten in der Medizin – kritisch zu sehen. Nicht nur, dass Bioplastik wegen des Anbaus von Nutzpflanzen viele Ressourcen verbraucht, der immer größere Verbrauch von <u>kurzlebigen</u> Verpackungsmüll wird auch durch das vermeintliche Ökoimage solcher Produkte legitimiert. Statt Abfall zu vermeiden, wird die Wegwerfkultur noch gefördert. Es muss also darum gehen, Plastik durch Mehrwegsysteme zu <u>fördern</u> – und nicht zu ersetzen.		10 P.

Quelle: Hanna Spanhel, Kein Plastik – aber was dann?, Nordbayerischer Kurier, Samstag/Sonntag 25./26. August 2018, Seite 50, gekürzt und verändert

Text	Verbesserungsvorschlag
Bioplastik durchaus eine Alternative sein, z. B. im Haushalt, in der Automobilbranche oder der Luftfahrt. Biokunststoffe tragen dazu bei, dass weniger Erdöl und stattdessen nachwachsende Rohstoffe verwendet werden. Wichtig ist es dabei, die komplette Wertschöpfungskette im Blick zu haben und auf Regionalität zu achten. Aufbereitung, Recycling und Mehrweg von solch langlebigen Produkten ist durchaus möglich, der	**sind**
Forschungsbedarf ist hier aber noch hoch. Der Einsatz von kompostierbaren Kunststoffen ist dagegen – abgesehen von wenigen Ausnahmen wie Implantaten in der Medizin – kritisch zu sehen. Nicht nur, dass Bioplastik wegen des Anbaus von Nutzpflanzen viele Ressourcen verbraucht, der immer größere Verbrauch von kurzlebigen Verpackungsmüll wird auch durch	**kurzlebigem**
das vermeintliche Ökoimage solcher Produkte legitimiert. Statt Abfall zu vermeiden, wird die Wegwerfkultur noch gefördert. Es muss also darum gehen, Plastik durch Mehrwegsysteme zu fördern – und nicht zu ersetzen.	**vermeiden**

Quelle: Hanna Spanhel, Kein Plastik – aber was dann?, Nordbayerischer Kurier, Samstag/Sonntag 25./26. August 2018, Seite 50, gekürzt und verändert

je 1 Punkt, insgesamt 10 Punkte
jeweils nur ein Wort, bei Grammatikfehlern keine Punkte auf ein Ersatzwort
Bei mehr als 10 Verbesserungsvorschlägen: 1 Punkt Abzug pro überzähligem Vorschlag (niedrigster Endpunktwert 0)

10 P.

a) Die Textstellen, die grammatikalisch bzw. stilistisch richtig korrigiert werden sollen, sind bereits gekennzeichnet. Bei dieser Aufgabe sollte der Text mehrmals genau und konzentriert durchgelesen werden, um die markierten Textstellen sowohl sprachlich zu überarbeiten als auch zu optimieren. Achten Sie u. a. auch auf umgangssprachliche Wendungen! Es geht bei den Grammatikfehlern nicht darum ein Ersatzwort/Synonym zu finden! Sie müssen auch keine Rechtschreibfehler verbessern.

▶ b) Im Lösungsbogen finden Sie einen kurzen Text, in dem jedoch alle Kommas fehlen. Tragen Sie die fehlenden notwendigen Kommas **deutlich erkennbar** in den Text ein.

Meine Lösung:

b) Kommasetzung

Eine wachsende Zahl von Bäckereien Cafés und Take-Away-Restaurants bietet mittlerweile den Einsatz von Mehrwegbechern oder -geschirr an. In Stuttgart treibt die *Mehrweg Initiative Stuttgart* das Projekt „reCIRCLE" ein Mehrwegsystem für Restaurants die Take-away Food anbieten voran. Einige Lokale beteiligen sich schon. Gegen eine Pfandgebühr kann man verschiedene Mehrwegbehälter mit Essen oder Kaffee füllen sie mit nach Hause nehmen und beim nächsten Mal wieder eintauschen. Wenn man solche Behälter fünfmal benutzt und wäscht sind sie schon nachhaltiger als Einweggeschirr. Interessant ist auch dass solche Mehrwegsysteme mittlerweile sogar für Transportverpackungen erprobt werden.

7 P.

b) Kommasetzung

Eine wachsende Zahl von Bäckereien, Cafés und Take-Away-Restaurants bietet mittlerweile den Einsatz von Mehrwegbechern oder -geschirr an. In Stuttgart treibt die *Mehrweg Initiative Stuttgart* das Projekt „reCIRCLE", ein Mehrwegsystem für Restaurants, die Take-away Food anbieten, voran. Einige Lokale beteiligen sich schon. Gegen eine Pfandgebühr kann man verschiedene Mehrwegbehälter mit Essen oder Kaffee füllen, sie mit nach Hause nehmen und beim nächsten Mal wieder eintauschen. Wenn man solche Behälter fünfmal benutzt und wäscht, sind sie schon nachhaltiger als Einweggeschirr. Interessant ist auch, dass solche Mehrwegsysteme mittlerweile sogar für Transportverpackungen erprobt werden. 7 P.

je 1 Punkt, insgesamt 7 Punkte
Bei mehr als 7 Kommas: 1 Punkt Abzug pro überzähligem Komma (niedrigster Endpunktwert 0)

Beispiele für Punkteberechnung:

Beispiel 1		**Beispiel 2**	
Kommas gesetzt	8	Kommas gesetzt	12
zutreffend	4	zutreffend	4
Punktabzug bei 1 überzähligen Komma	1	Punktabzug bei 5 überzähligen Kommas	4
Endpunkte	3	Endpunkte	0

b) ***Wichtig bei dieser Aufgabe ist, dass man nicht mehr als die vorgegebene Anzahl an Kommas einträgt, da sonst pro überzähligem Komma 1 Punkt abgezogen wird, d. h. trotz richtig gesetzter Kommas könnte es keine Punkte geben.***
Betrachten Sie in Ruhe jeden einzelnen Satz: Wie ist er aufgebaut? (z. B. Aufzählung, Einschub, Satzgefüge, Satzreihe, verkürzter Nebensatz)
Gibt es mögliche Atempausen, die man beim Vorlesen machen könnte und das Einsetzen eines Kommas aufzeigen?

▶ c) Damit ein Text lebendiger wirkt, muss man oft Satzglieder umstellen. Stellen Sie im Lösungsbogen die Sätze so um, dass jeweils **das in Klammer angegebene Satzglied an erster** Stelle steht.

Meine Lösung:

c) Satzglieder

1. Die Entwicklung neuer Materialien gibt den Umweltexperten und Naturschützern Grund zur Hoffnung. (Akkusativobjekt)
2. Deshalb erfreut sich der klassische Jutebeutel bei umweltbewussten Käufern großer Beliebtheit. (Genitivobjekt)
3. Der Jutebeutel wird trotz eines Aufpreises gerne genutzt. (Modaladverbiale)
4. Inzwischen gibt es darum mehr Beutel aus zertifizierter Biobaumwolle. (Kausaladverbiale)

Stellen Sie die Sätze 1 bis 4 so um, dass das gesuchte Satzglied jeweils am Satzanfang steht:

1. ______________________________

______________________________.

2. ______________________________

______________________________.

3. ______________________________

______________________________.

4. ______________________________

______________________________.

4 P.

c) Satzglieder

1. Die Entwicklung neuer Materialien gibt den Umweltexperten und Naturschützern Grund zur Hoffnung. (Akkusativobjekt)
2. Deshalb erfreut sich der klassische Jutebeutel bei umweltbewussten Käufern großer Beliebtheit. (Genitivobjekt)
3. Der Jutebeutel wird trotz eines Aufpreises gerne genutzt. (Modaladverbiale)
4. Inzwischen gibt es darum mehr Beutel aus zertifizierter Biobaumwolle. (Kausaladverbiale)

Stellen Sie die Sätze 1 bis 4 so um, dass das gesuchte Satzglied jeweils am Satzanfang steht:

1. Grund zur Hoffnung gibt den Umweltexperten und Naturschützern die Entwicklung neuer Materialien (o. Ä.).

2. Großer Beliebtheit erfreut sich deshalb bei umweltbewussten Käufern der klassische Jutebeutel (o. Ä.).

3. Gerne wird trotz eines Aufpreises der Jutebeutel genutzt (o. Ä.).

4. Darum gibt es inzwischen mehr Beutel aus zertifizierter Biobaumwolle.

je 1 Punkt bei richtigem Satzglied am Satzanfang, insgesamt 4 Punkte
Punktvergabe nur bei korrekter Rechtschreibung und Grammatik — 4 P.

c) Bei dieser Aufgabe müssen Sie das in der Klammer gefragte Satzglied im Satz herausfinden und an die 1. Satzgliedstelle im Satz stellen. Satzglieder findet man durch Umstellprobe heraus.

Der Jutebeutel / wird / trotz eines Aufpreises / gerne / genutzt.
Gerne / wird / der Jutebeutel / trotz eines Aufpreises / genutzt.
Trotz eines Aufpreises / wird / der Jutebeutel / gerne / genutzt.

Wiederholen Sie dafür die wichtigsten Satzglieder mit ihren Fragen:

Wer oder was? (Subjekt)	*Wen oder was? (Akkusativobjekt)*
Wem? (Genitivobjekt)	*Wo? (Lokaladverbiale)*
Wann? (Temporaladverbiale)	*Warum? (Kausaladverbiale)*
Wie? (Modaladverbiale)	*usw.*

5 Entsorgung von Plastikmüll im Meer?

Ein deutsch-chilenisches Universitätsteam um Martin Thiel forscht über Plastikmüll im Südpazifik. Im Interview erklärt der Professor für Meeresbiologie, warum man treibendes Plastik nicht einfach so aus dem Meer fischen darf.

▶ Sie sollen die abgeänderten Antworten von Martin Thiel in der indirekten Rede wiedergeben. Setzen Sie dazu die Verbformen in der richtigen Konjunktivform (Hinweis: Eine Umschreibung mit „würde" ist nicht zulässig) und gegebenenfalls Pronomen in der grammatikalisch korrekten Form in die Lücken im Lösungsbogen ein.

Antworten

Aktuell besteht keine zufriedenstellende Möglichkeit, das Plastik aus den Weiten der Ozeane wieder herauszuholen. Abgesehen von den enormen technischen Problemen, die mein Kollege Mark Lenz vor einigen Jahren treffend als „Science-Fiction" bezeichnet hat, richtet Plastik auch sehr große ökologische Schäden an. Alles, was an der Ozeanoberfläche treibt, wird sofort von vielen Organismen besiedelt.

Diese Organismen sind untrennbar mit dem Plastik verbunden, und wenn man das Plastik entfernt, dann betrifft es auch diese Organismen. Die einzige effiziente Strategie sehen wir darin, die Entsorgung von Plastik ins Meer drastisch zu reduzieren. Der Mensch soll sich deshalb auf wiederverwendbare Produkte konzentrieren.

Quelle: https://www.faz.net/aktuell/beruf-chance/campus/plastikmuell-im-ozean-ein-meeresbiologe-im-interview-15752830.html, letzter Aufruf am 04.04.2019

Meine Lösung:

Indirekte Rede:

Martin Thiel erklärt, aktuell ______________ keine zufriedenstellende Möglichkeit, das Plastik aus den Weiten der Ozeane wieder herauszuholen. Abgesehen von den enormen technischen Problemen, die ______________ Kollege Mark Lenz vor einigen Jahren treffend als „Science-Fiction" bezeichnet ______________, ______________ Plastik auch sehr große ökologische Schäden an. Alles, was an der Ozeanoberfläche ______________, ______________ sofort von vielen Organismen besiedelt.

Diese Organismen ______________ untrennbar mit dem Plastik verbunden, und wenn man das Plastik ______________, dann ______________ es auch diese Organismen. Die einzige effiziente Strategie ______________ ______________ darin, die Entsorgung von Plastik ins Meer drastisch zu reduzieren. Der Mensch ______________ sich auf wiederverwendbare Produkte konzentrieren.

12 P.

5 Entsorgung von Plastikmüll im Meer?

Indirekte Rede:

Martin Thiel erklärt, aktuell **bestehe** keine zufriedenstellende Möglichkeit, das Plastik aus den Weiten der Ozeane wieder herauszuholen. Abgesehen von den enormen technischen Problemen, die **sein** Kollege Mark Lenz vor einigen Jahren treffend als „Science-Fiction" bezeichnet **habe**, **richte** Plastik auch sehr große ökologische Schäden an. Alles, was an der Ozeanoberfläche **treibe**, **werde** sofort von vielen Organismen besiedelt.

Diese Organismen **seien** untrennbar mit dem Plastik verbunden, und wenn man das Plastik **entferne**, dann **betreffe** es auch diese Organismen. Die einzige effiziente Strategie **sähen** **sie** darin, die Entsorgung von Plastik ins Meer drastisch zu reduzieren. Der Mensch **solle** sich auf wiederverwendbare Produkte konzentrieren.

je 1 Punkt, insgesamt 12 Punkte 12 P.

Um diese Aufgabe korrekt zu lösen, muss man die wörtliche Rede des Interviews in die ***indirekte Rede*** *umformulieren. Dabei ist – laut Aufgabenstellung – unbedingt zu beachten, dass eine Umschreibung mit „würde" nicht erlaubt ist!*
Die angegebenen Verbformen im Indikativ (=Wirklichkeitsform) werden in den Konjunktiv (Möglichkeitsform) verändert. Die Zeitstufe bleibt unverändert, ***jedoch muss darauf geachtet werden, dass auch die Pronomen (ich/mein, du/dein, wir/unser, ihr/euer) entsprechend angepasst werden.*** *Falls der Indikativ und der Konjunktiv I gleich lauten, wird der Konjunktiv II verwendet.*

Zu den Formulierungen in den Lücken:
Beachten Sie, dass die Antworten des Interviews von einer Person (Martin Thiel) gegeben werden, was eine Änderung des Personalpronomens von der 1. Person Singular zur 3. Person Singular nach sich zieht.

- *bestehe (Konjunktiv I)*
- *sein (Änderung Personalpronomen von mein auf sein)*
- *habe, richte, treibe, werde, seien, entferne, betreffe (Konjunktiv I)*
- *sähen (Konjunktiv II da Indikativ und Konjunktiv I gleich lauten)*
- *sie (Änderung Personalpronomen)*
- *solle (Konjunktiv I)*

6 Texte verbessern

▶ a) Formulieren Sie jeden der folgenden Sätze in ein Satzgefüge um. Ergänzen Sie dazu die Hauptsätze im Lösungsbogen durch einen korrekten, sinngleichen Nebensatz, den Sie aus dem unterstrichenen Teil des jeweiligen Satzes bilden.

1. Jedes Jahr landen Millionen Tonnen Müll im Meer und gefährden dieses <u>einzigartige</u> Ökosystem.

2. <u>Durch das Engagement unzähliger Freiwilliger</u> konnten im Jahr 2017 anlässlich des International Coastal Cleanup Day in Deutschland mehr als 2.200 Kilogramm Müll von Stränden, aus dem Meer, aber auch aus Flüssen und Seen gesammelt werden.

3. <u>Zur Setzung eines deutlichen Zeichens für Müllvermeidung</u> wünschen sich die Veranstalter für 2019 noch mehr freiwillige Teilnehmer.

Meine Lösung:

a) Ergänzen Sie den fehlenden Nebensatz:

1. Jedes Jahr landen Millionen Tonnen Müll im Meer und gefährden dieses Ökosystem,

____.

2. ____

____,

konnten im Jahr 2017 anlässlich des International Coastal Cleanup Day in Deutschland mehr als 2.200 Kilogramm Müll von Stränden, aus dem Meer, aber auch aus Flüssen und Seen gesammelt werden.

3. ____

____,

wünschen sich die Veranstalter für 2019 noch mehr freiwillige Teilnehmer.

3 P.

6 Texte verbessern

a) Ergänzen Sie den fehlenden Nebensatz:

1. Jedes Jahr landen Millionen Tonnen Müll im Meer und gefährden dieses Ökosystem, **das einzigartig ist** (o. Ä.).

2. **Indem / Dadurch, dass sich unzählige Freiwillige engagierten** (o. Ä.), konnten im Jahr 2017 anlässlich des International Coastal Cleanup Day in Deutschland mehr als 2.200 Kilogramm Müll von Stränden, aus dem Meer, aber auch aus Flüssen und Seen gesammelt werden.

3. **Damit ein deutliches Zeichen für Müllvermeidung gesetzt wird / Um ein deutliches Zeichen für Müllvermeidung zu setzen** (o. Ä.), wünschen sich die Veranstalter für 2019 noch mehr freiwillige Teilnehmer.

je 1 Punkt, insgesamt 3 Punkte
Punktvergabe nur, wenn die Art des gebildeten Nebensatzes korrekt ist
keine Punkte bei Rechtschreib- oder Grammatikfehlern

3 P.

a) Laut Aufgabenstellung sollen Sie jeden der Sätze in ein ***Satzgefüge*** *umformulieren. Ein Satzgefüge besteht aus einem* ***Hauptsatz*** *(die gebeugte Form [Prädikat] steht an 2. Stelle!) und einem* ***Nebensatz*** *(die gebeugte Form [Prädikat] steht an letzter Stelle!). Aus den unterstrichenen Satzteilen soll der Nebensatz gebildet werden. Dabei gibt es, je nach Sinnzusammenhang, zwei Möglichkeiten:*

1) Bildung eines Nebensatzes durch eine passende Konjunktion (beliebte Beispiele sind weil, obwohl, dass, nachdem, trotzdem, damit, indem ...)
oder
2) Bildung eines Relativsatzes (mit den Relativpronomen der/die/das, welcher/welche).

Erläuterungen zu Satz 1 (Relativsatz)
Wenn in einem Satz die Eigenschaft einer Sache (Adjektiv), hier in diesem Fall dieses „einzigartigen" Ökosystems unterstrichen ist, müssen Sie einen Relativsatz bilden: ... gefährden dieses Ökosystem, das/welches einzigartig ist.

Erläuterung zu Satz 2 und 3
Bei Satz 2 und Satz 3 müssen passende Bindewörter (Konjunktionen) gefunden werden. Beliebte Beispiele wurden zu Beginn schon genannt! Bitte denken Sie immer daran, dass die gebeugte Form des Verbs (das Prädikat) im Nebensatz an letzter Stelle steht.
Achtung: Bindewörter (Konjunktionen) wie „und, oder, aber, denn usw." leiten immer einen Hauptsatz ein und bilden damit eine Satzreihe. Eine Verwendung derselben ist folglich immer falsch!

▶ b) Ergänzen Sie in dem im Lösungsbogen abgedruckten Text **das fehlende Wort** (jeweils ein Wort!) bzw. schreiben Sie in die Textlücken jeweils die **grammatisch richtige Form der in Klammern angegebenen Wörter** einschließlich der Artikel und Pronomen.

Meine Lösung:

b) Tragen Sie Ihre Lösungen ein:

1. Kurz ____________ seiner Rückkehr zur Erde sendete der Astronaut Alexander Gerst eine Videobotschaft aus dem All, die in den sozialen Medien ____________ viel Aufmerksamkeit sorgte.

   In deutlichen Worten richtet er sich darin ____________ künftige Generationen und beschreibt, was die Menschheit ändern muss, ____________ die Erde ein lebenswerter Planet bleibt.

2. Die Verschmutzung ____________ (unser Planet) durch Plastikmüll ist sicherlich eine Sache, die geändert werden muss.

3. Bei der Suche nach ____________ (eine mögliche Alternative) für Plastikprodukte wird man häufig fündig.

4. In verschiedenen ____________ (Internetforum) wird über die Ökobilanz von Lebensmitteln ____________ (unterschiedliche Herkunft) diskutiert.

5. Wer sein Essen für unterwegs in Brotdosen packt, spart Verpackungsmüll und trägt ____________ (viel) zum Umweltschutz bei als jemand, der seine Brote immer noch in Einwegverpackungen mitnimmt.

6 Aufgrund ____________ (die häufige Wiederverwendbarkeit) eines Stoffbeutels kann dieser leicht Plastiktüten ersetzen.

10 P.

b) Tragen Sie Ihre Lösungen ein:

1. Kurz **vor** seiner Rückkehr zur Erde sendete der Astronaut Alexander Gerst eine Videobotschaft aus dem All, die in den sozialen Medien **für** viel Aufmerksamkeit sorgte.

   In deutlichen Worten richtet er sich darin **an** künftige Generationen und beschreibt, was die Menschheit ändern muss, **damit** die Erde ein lebenswerter Planet bleibt.

2. Die Verschmutzung **unseres Planeten** (unser Planet) durch Plastikmüll ist sicherlich eine Sache, die geändert werden muss.

3. Bei der Suche nach **einer möglichen Alternative** (eine mögliche Alternative) für Plastikprodukte wird man häufig fündig.

4. In verschiedenen **Internetforen** (Internetforum) wird über die Ökobilanz von Lebensmitteln **unterschiedlicher Herkunft** (unterschiedliche Herkunft) diskutiert.

5. Wer sein Essen für unterwegs in Brotdosen packt, spart Verpackungsmüll und trägt **mehr** (viel) zum Umweltschutz bei als jemand, der seine Brote immer noch in Einwegverpackungen mitnimmt.

6 Aufgrund **der häufigen Wiederverwendbarkeit** (die häufige Wiederverwendbarkeit) eines Stoffbeutels kann dieser leicht Plastiktüten ersetzen.

je 1 Punkt pro Lücke, insgesamt 10 Punkte
Punktvergabe nur bei orthografisch und grammatisch richtiger Form der in Klammern angegebenen Wörter inklusive der Artikel und Pronomina
(z. B. kein Punkt, wenn anstelle eines bestimmten Artikels der unbestimmte Artikel verwendet wird)

10 P.

b) Hier sind sowohl grammatikalisches Wissen als auch Konzentration gefragt.
Lesen Sie die Sätze deshalb zunächst als Ganzes genau durch und überlegen anschließend, wie die Lücke grammatikalisch richtig ergänzt werden muss.

Dabei gibt es verschiedene Möglichkeiten:

- *Gibt es keine Angaben in der Klammer, fehlt häufig eine Präposition wie mit, als usw. Oft ergibt sich die Lösung, wenn Sie den Satz – wie oben beschrieben – als Ganzes lesen.*

Erläuterungen:

- *Befindet sich ein Wort / mehrere Wörter in einer Klammer im Satz, muss dieses Wort / diese Wörter im richtigen Fall (Kasus) angegeben werden. Achten Sie dabei unbedingt auf die Stellvertreter (Artikel). Wenn anstelle eines bestimmten Artikels der unbestimmte Artikel verwendet wird, gibt es z. B. keinen Punkt: siehe Satz 3. Da in der Klammer der unbestimmte Begleiter (Artikel) angegeben ist, müssen Sie diesen auch in die richtige grammatikalische Form bringen, um einen Punkt zu erhalten: eine mögliche Alternative → einer möglichen Alternative*

Wiederholen Sie für diese Aufgabe vor allem auch die korrekte Bildung des 2. Falls (Genitiv).

▶ c) Verbessern Sie in dem im Lösungsbogen abgedruckten Text die **fünfzehn** Rechtschreib- bzw. Grammatikfehler. **Streichen Sie die fehlerhaften Wörter durch** und berichtigen Sie diese, indem Sie die Wörter **in der korrekten Schreibweise (komplett, keine Abkürzungen!)** deutlich **darüber schreiben**.

Meine Lösung:

c) Streichen Sie die fehlerhaften Wörter – wie im Beispiel vorgegeben – durch und berichtigen Sie diese, indem Sie die Wörter in der **korrekten Schreibweise** deutlich **darüber schreiben** (komplett! keine Abkürzungen!). Ein Beispiel ist vorgegeben:

vermüllte
Schifffahrt für ~~vermühlte~~ Meere mitverantwortlich

Die meisten Berichte und Bilder zur Problematik des Plastikmülls im Meer stammen aus fernen Regionen. Doch muss man seit einigen Jahren feststellen, das auch unsere heimischen Meere nicht vom Plastikmüll verschohnt bleiben. Trotz Verbots und drohender Strafen gelingt es nicht, den Eintrag von Abfällen von Bord der Schiffe zu unterbinden bzw. zu veringern, da es an Kontrollen und der Umsetzung internazionaler Richtlinien mangelt. Vorherschende Wind- und Strömungsrichtungen verteilen den Müll dann auch in der Deutschen Bucht. Dadurch wird unter anderem der sensible Lebensraum des Wattenmeeres gefärdet. Laut der Europäischen Agentur für die Sicherheit des Seeverkehrs, zustendig für zahlreiche Sicherheitsfragen des maritiemen Transports, fallen zum Beispiel auf einem Stückgutfrachter Tag für Tag schnell bis zu 100 Kilogramm ladungsbedingte Abfälle an, die nur zu oft illegal über Bord gehen. Eigentlich soll eine Richtlinie der Internationalen Seeschifffahrts-Organisation (IMO) diesen Eintrag verhindern. Grundsätzlich ist das entsorgen von Kunststoffen im Meer verboten. Doch wie so oft mangelt es an evektiven Kontrollen und schmerzhaften Sanktionen. So wird Plastik in großem Stiel, teilweise vermischt mit Bioabfällen, einfach über Bord geworfen. Auch die Entsorgungsregeln des Europäischen Parlamentes und des Rates über Hafenauffangeinrichtungen für die Entladung von Schiffsabfällen haben nicht zu einer merklichen Entlastung der Nord- und Ostsee geführt. Eine kostenlose Anname des Schiffsmülls ist durch die Richtlinie allerdings ausgeschloßen, sodass viele Kapitäne und Reeder den Müll weiter „kostenfrei" auf See entsorgen. Hier gilt es Abhilfe zu schaffen und wirksame Auffangeinrichtungen in den Häfen zur Verfügung zu stellen bzw. über die allgemeinen Hafengebüren die Entsorgung abzugellten.

15 P.

Quelle: https://www.nabu.de/natur-und-landschaft/meere/muellkippe-meer/11962.html, 27.12.2018, verändert und didaktisch aufbereitet, Zugriffsdatum: 28.12.2017

c) Streichen Sie die fehlerhaften Wörter – wie im Beispiel vorgegeben – durch und berichtigen Sie diese, indem Sie die Wörter in der **korrekten Schreibweise** deutlich **darüber schreiben** (komplett! keine Abkürzungen!). Ein Beispiel ist vorgegeben:

vermüllte
Schifffahrt für ~~vermühlte~~ Meere mitverantwortlich

Die meisten Berichte und Bilder zur Problematik des Plastikmülls im Meer stammen aus fernen Regionen.
dass
Doch muss man seit einigen Jahren feststellen, ~~das~~ auch unsere heimischen Meere nicht vom Plastikmüll
verschont
~~verschohnt~~ bleiben. Trotz Verbots und drohender Strafen gelingt es nicht, den Eintrag von Abfällen
verringern
von Bord der Schiffe zu unterbinden bzw. zu ~~veringern~~, da es an Kontrollen und der Umsetzung
internationaler ***Vorherrschende***
~~internazionaler~~ Richtlinien mangelt. ~~Vorherschende~~ Wind- und Strömungsrichtungen verteilen den Müll dann auch in der Deutschen Bucht. Dadurch wird unter anderem der sensible Lebensraum des
gefährdet ***zuständig***
Wattenmeeres ~~gefärdet~~. Laut der Europäischen Agentur für die Sicherheit des Seeverkehrs, ~~zustendig~~ für
maritimen
zahlreiche Sicherheitsfragen des ~~maritiemen~~ Transports, fallen zum Beispiel auf einem Stückgutfrachter Tag für Tag schnell bis zu 100 Kilogramm ladungsbedingte Abfälle an, die nur zu oft illegal über Bord gehen. Eigentlich soll eine Richtlinie der Internationalen Seeschifffahrts-Organisation (IMO) diesen Eintrag
Entsorgen
verhindern. Grundsätzlich ist das ~~entsorgen~~ von Kunststoffen im Meer verboten. Doch wie so oft mangelt
effektiven ***Stil***
es an ~~evektiven~~ Kontrollen und schmerzhaften Sanktionen. So wird Plastik in großem ~~Stiel~~, teilweise vermischt mit Bioabfällen, einfach über Bord geworfen. Auch die Entsorgungsregeln des Europäischen Parlamentes und des Rates über Hafenauffangeinrichtungen für die Entladung von Schiffsabfällen
Annahme
haben nicht zu einer merklichen Entlastung der Nord- und Ostsee geführt. Eine kostenlose ~~Anname~~ des
ausgeschlossen
Schiffsmülls ist durch die Richtlinie allerdings ~~ausgeschloßen~~, sodass viele Kapitäne und Reeder den Müll weiter „kostenfrei" auf See entsorgen. Hier gilt es Abhilfe zu schaffen und wirksame Auffangeinrichtungen in den Häfen zur Verfügung zu stellen bzw. über die allgemeinen
Hafengebühren
~~Hafengebüren~~ die Entsorgung
abzugelten
~~abzugellten~~.

Quelle: https://www.nabu.de/natur-und-landschaft/meere/muellkippe-meer/11962.html, 27.12.2018, verändert und didaktisch aufbereitet, Zugriffsdatum: 28.12.2017

je 1 Punkt, insgesamt 15 Punkte
Punktvergabe jeweils **nur, wenn** das falsche Wort **eindeutig markiert (z. B. auch mit Textmarker oder durch Unterstreichung) und das ganze Wort** korrekt darübergeschrieben wurde
Bei **mehr als 15 Änderungen**: 1 Punkt **Abzug pro überzähliger Änderung** (niedrigster Endpunktwert 0)

15 P.

c) *Auch hier gilt es wieder die Aufgabenstellung genau zu lesen:*
- *Die Anzahl der zu findenden Rechtschreib- bzw. Grammatikfehler ist angegeben! Vorsicht:* ***Wenn Sie hier mehr als die angegebenen Fehler verbessern, erhalten Sie Punktabzug!***
- *Ebenso erhalten Sie keine Punkte, wenn Sie das fehlerhafte Wort nicht wie vorgegeben korrekt durchstreichen und das Wort komplett und in korrekter Schreibweise deutlich darüberschreiben. Es gibt z.B. keinen Punkt, wenn Sie nur einen einzelnen Buchstaben korrigieren und nicht das ganze Wort.*
- *Der Hinweis „deutlich" in der Aufgabenstellung weist ebenso daraufhin, dass es zu keiner Punktevergabe kommt,* ***wenn das verbesserte Wort nicht leserlich und eindeutig geschrieben ist****. Achten Sie insbesondere auf eine eindeutige Groß- und Kleinschreibung.*

Es lassen sich unterschiedliche Rechtschreibfehler finden:
- *einfache Tippfehler (einzelne Buchstaben werden vertauscht oder verdoppelt),* ***(z. B. veringern → verringern)***
- *Groß- und Kleinschreibung* ***(z. B. Nominalisierung das entsorgen → das Entsorgen)***
- *Zusammen- und Getrenntschreibung*
- *Unterscheidung der s- und anderer Laute (i – ie, h, f – v, d – t ...)* ***(z. B. das → dass)***
- *falsche Schreibung nach Gehör/Dialekt* ***(z. B. internazionaler → internationaler)***
- *Schreibung von Fremdwörtern* ***(z. B. maritiemen → maritimen)***

7 Das Plastik dieser Welt

Eine einzelne Mehrweg-Plastik-Flasche mit 1 l Fassungsvermögen wiegt nur rund 69 Gramm. Die Gesamtmenge des weltweit produzierten Plastiks hingegen ist beachtlich.

▶ Zur folgenden Infografik „Das Plastik dieser Welt" liegt Ihnen der unten stehende Lückentext vor. Bitte entnehmen Sie der Infografik die in den Textlücken **(a)** bis **(e)** fehlenden Informationen und tragen Sie diese jeweils in den Lösungsbogen ein. (Nicht abkürzen, korrekte Rechtschreibung und ggf. Grammatik, nur ein Wort oder eine Zahl je Textlücke, Zahlen nicht in Buchstabenschreibweise!)

Das Plastik dieser Welt

Zwischen 1950 und 2015 wurden laut einer Studie insgesamt **8,3 Milliarden Tonnen Plastik** hergestellt. Das ist daraus geworden:

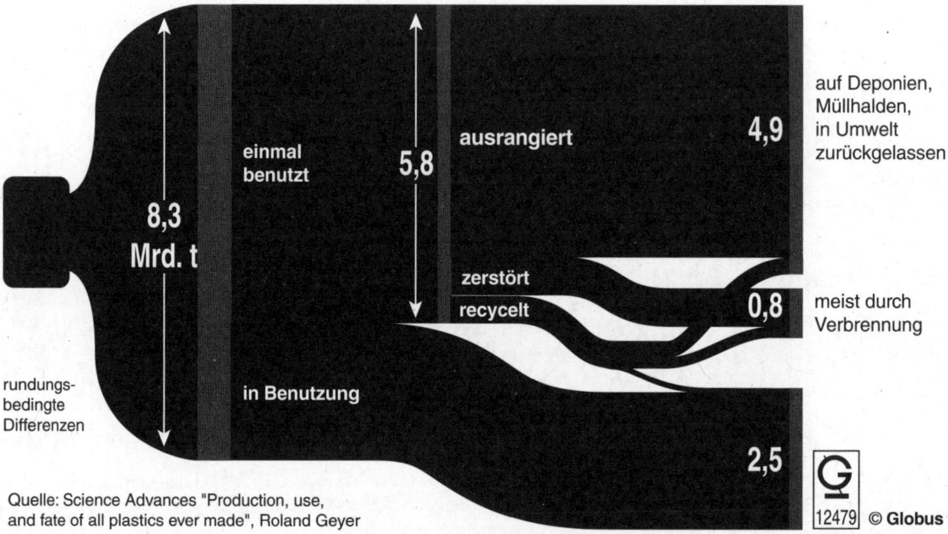

Quelle: Science Advances "Production, use, and fate of all plastics ever made", Roland Geyer

© Globus

Lückentext:

Zwischen 1950 und 2015 sind weltweit 8,3 Milliarden Tonnen Plastik hergestellt worden. Davon wurden ____(a)____ Mrd. Tonnen nur einmal benutzt. Hiervon wiederum landeten über 80 % auf ____(b)____, Müllhalden oder in der Umwelt. Allen Wiederverwertungsstrategien zum Trotz wurde der größere Anteil des einmal benutzten ____(c)____ ____(d)____. Insgesamt beläuft sich das Volumen des nach einmaliger Benutzung zerstörten Plastiks auf ____(e)____ Mio. Tonnen.

Meine Lösung:

Tragen Sie Ihre Lösungen ein:

(a) ______________________

(b) ______________________

(c) ______________________

(d) ______________________

(e) ______________________

5 P.

7 Das Plastik dieser Welt

Tragen Sie Ihre Lösungen ein:

(a) 5,8

(b) Deponien

(c) Plastiks

(d) ausrangiert

(e) 800

je 1 Punkt, insgesamt 5 Punkte
Punktevergabe nur bei korrekter Rechtschreibung und Grammatik

5 P.

Diese Aufgabe verlangt lediglich das Lesen der vorgegebenen Grafik. Allerdings ist hierbei große Genauigkeit notwendig. Die Hinweise der Aufgabenstellung zu Schreibweise, Rechtschreibung und Grammatik sind exakt zu beachten, sonst verschenkt man leicht Punkte. Im Detail sind bei den einzelnen Lücken folgende Aspekte zu beachten:

Lücke	*einzusetzen*	*Lösungshinweise*
a	*5,8*	*Die Einheit (Mrd.) darf nicht hingeschrieben werden, da schon vorhanden.*
b	*Deponien*	*Kein Punkt bei Rechtschreibfehler oder bei Verwendung des Singulars; „Müllhalden“ und „Umwelt“ sind ausgeschlossen, da im Satz bereits vorhanden.*
c	*Plastiks*	*Das Wort muss im Genitiv stehen.*
d	*ausrangiert*	
e	*800*	*Nicht in Buchstabenschreibweise angeben (siehe Aufgabenstellung!).*

8 Fisch frisst Fisch

Betrachten Sie die nachfolgend abgedruckte Karikatur.

▶ Kreuzen Sie im Lösungsbogen bei jeder Kennnummer der nach der Grafik aufgeführten Aussagen an, welche weiterführenden Gedanken zur Karikatur passen (= richtig) und welche nicht passen bzw. sich nicht aus ihr ableiten lassen (= falsch).

Aussagen:

1 Die Problematik des Plastikmülls in den Meeren kann durch neue Fangmethoden verringert werden.

2 Eine ironische Aussage unter der Zeichnung könnte auch „... Plastic fantastic!" lauten.

3 Die Großen fressen immer die Kleinen.

4 Der Plastikabfall der Kreuzfahrtschiffe belastet die Meere.

5 Der Karikaturist will darauf aufmerksam machen, dass der Mensch der kleinste Fisch im Ökosystem ist.

Meine Lösung:

Kreuzen Sie an:

	1	**2**	**3**	**4**	**5**
richtig					
falsch					

5 P.	

8 Fisch frisst Fisch

Kreuzen Sie an:

	1	2	3	4	5
richtig		X			
falsch	X		X	X	X

je 1 Punkt, insgesamt 5 Punkte
kein Punkt für jede Spalte mit mehr als einem Kreuz

5 P.

Dass es sich bei dieser Abbildung um eine Karikatur handelt, ist in der Aufgabenstellung bewusst angegeben. Bei der Einschätzung der Aussagen kommt es darauf an, einerseits Ironie und Sarkasmus zu erkennen und andererseits die Aussagekraft der Karikatur auch nicht zu überschätzen.

Die nachfolgende Übersicht gibt hierfür Aussage für Aussage Hinweise:

Aussage	*Lösung*	*Begründung/Lösungshinweise*
1	*falsch*	*Diese Aussage ist aus der Karikatur nicht abzuleiten. Die abgebildete Plastiktüte stellt natürlich keine neue Fangmethode dar.*
2	*richtig*	*Mit dem ausdrücklichen Verweis auf die Ironie ist die genannte Überschrift denkbar.*
3	*falsch*	*In der Karikatur sieht man, dass die größeren Fische die kleineren fressen. Im Kontext der Plastikmüllproblematik ist dies aber nicht wörtlich zu verstehen.*
4	*falsch*	*Diese Aussage kann aus der Karikatur nicht abgeleitet werden.*
5	*falsch*	*Gerade im Kontext der Plastikmüllproblematik passt diese Aussage nicht.*

9 Der blaue Planet und sein Wasser

Plastikmüll ist vor allem in den Meeren zu einem Problem geworden. Da die Meere aber eine wichtige Rolle im Wassersystem der Erde spielen, ist dies auch ein Problem des gesamten Planeten.

▶ Die nachfolgende Abbildung bietet detaillierte Informationen zur Verteilung des Wassers auf der Erde. Kreuzen Sie im Lösungsbogen an, ob folgende Aussagen nach Angaben der Grafik richtig, falsch oder der Grafik nicht zu entnehmen sind.

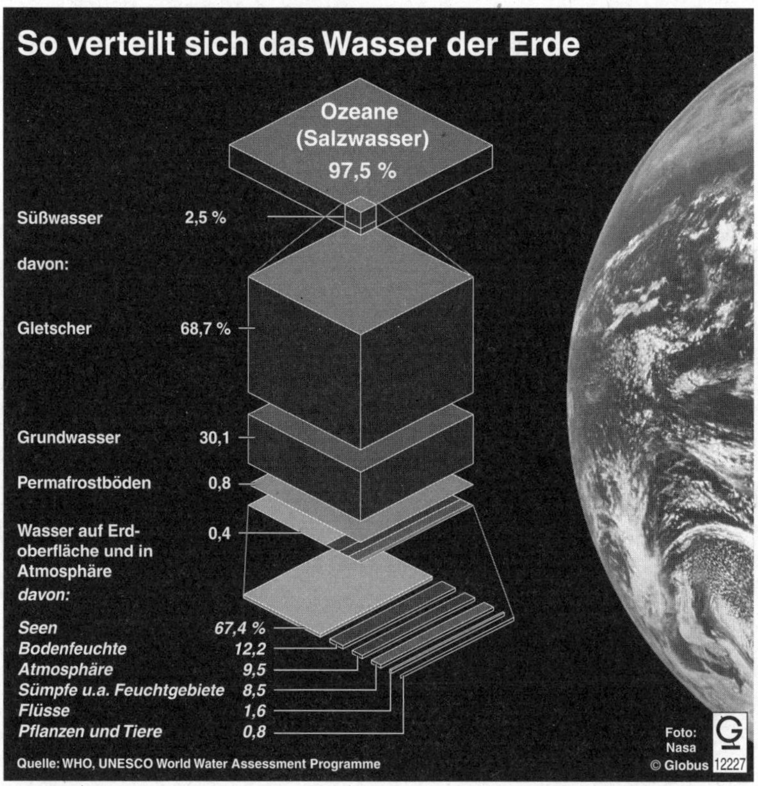

Aussagen:

1 Auf Bodenfeuchte entfällt ein größerer Teil des weltweiten Wasservorkommens als auf Sümpfe und andere Feuchtgebiete.

2 Im Grundwasser ist mehr Wasser gespeichert als in allen Seen und Flüssen zusammen.

3 Knapp ein Drittel des weltweiten Wasservorkommens entfällt auf Grundwasser.

4 In Pflanzen ist mehr Wasser gespeichert als in Tieren.

5 Gletscher spielen in der Süßwasserspeicherung nur eine untergeordnete Rolle.

6 Ein Anteil von weniger als zwei Prozent des weltweit vorhandenen Wassers ist in Gletschern gespeichert.

7 Auf der Erdoberfläche ist mehr Wasser gespeichert als in der Atmosphäre.

8 Die Erdoberfläche ist zu zwei Dritteln mit Wasser bedeckt.

Meine Lösung:

Kreuzen Sie an:	1	2	3	4	5	6	7	8
richtig								
falsch								
nicht zu entnehmen								

8 P.

9 Der blaue Planet und sein Wasser

Kreuzen Sie an:	1	2	3	4	5	6	7	8
richtig	X	X				X	X	
falsch			X		X			
nicht zu entnehmen				X				X

je 1 Punkt, insgesamt 8 Punkte
kein Punkt für jede Spalte mit mehr als einem Kreuz

8 P.

Bei dieser Aufgabe kommt es darauf an, die Grafik genau auszuwerten. Lesen Sie die Grafik zunächst von oben nach unten. Entscheidend ist dabei die Unterscheidung von Salz- und Süßwasser auf der obersten Ebene und die Tatsache, dass sich alle anderen Angaben nur auf das Süßwasser beziehen. Gehen Sie danach Aussage für Aussage durch und überprüfen Sie diese anhand der Grafik.

Aussage	*Lösung*	*Begründung/Lösungshinweise*
1	*richtig*	*Diese Information kann direkt abgelesen werden.*
2	*richtig*	*Hier muss man erkennen, dass Seen und Flüsse zum „Wasser auf Erdoberfläche“ gehören und dessen Sammelwert mit 0,4 viel geringer ist als der Wert des Grundwassers.*
3	*falsch*	*Die Aussage ist falsch, da das Süßwasser insgesamt nur einen Sammelwert von 2,5 % hat.*
4	*nicht zu entnehmen*	*„Pflanzen und Tiere“ werden nur als gemeinsamer Wert angegeben. Wie deren Verhältnis ist, kann man nicht entnehmen.*
5	*falsch*	*Bei 68,7 % kann man nicht von einer „untergeordneten Rolle“ sprechen.*
6	*richtig*	*Hier reicht es, wenn man im Kopf überschlägt: Ungefähr zwei Drittel des Süßwassers steckt in Gletschern. Zwei Drittel von 2,5 % sind weniger als 2 %. Daher ist die Aussage richtig.*
7	*richtig*	*Das ist richtig, da in der Atmosphäre nur 9,5 % gespeichert sind, in Seen und Flüssen, die sich auf der Erdoberfläche befinden – soweit muss man mitdenken, dagegen 69 %.*
8	*nicht zu entnehmen*	*Angaben zur Wasserbedeckung der Erde sind nicht enthalten.*

10 Im Wirrwarr von Tagen, Personen und Alter

▶ Beantworten Sie die Fragen, indem Sie im Lösungsbogen die zutreffende Antwort (Wort oder Zahl) eintragen.

Fragen:

1 Welcher Tag ist morgen, wenn vorgestern der Tag nach Montag war?

2 Anna ist älter als Felix. Klaus ist älter als Julia. Anna und Julia sind gleich alt. Wer ist die jüngste Person?

3 Ein Mann, der weder einen Bruder noch eine Schwester hat, schaut sich ein Bild seiner Familie an. Dabei denkt er sich: Der Vater der abgebildeten männlichen Person ist der Sohn meines Vaters. Wen betrachtet er auf dem Bild?

4 Auf einem nicht genutzten Feld wächst Unkraut in großen Mengen. Jeden Tag verdoppelt sich das Unkraut und innerhalb von 26 Tagen ist das gesamte Feld von Unkraut bedeckt. Wie viele Tage dauert es, bis das Unkraut die Hälfte des Feldes bedeckt hat?

5 Tim wird in 15 Jahren viermal so alt sein wie vor 3 Jahren. Wie viele Jahre ist Tim momentan alt?

Meine Lösung:

Tragen Sie Ihre Lösungen ein:

1 ______________________________

2 ______________________________

3 ______________________________

4 ______________________________

5 ______________________________

10 P.**

10 Im Wirrwarr von Tagen, Personen und Alter

Tragen Sie Ihre Lösungen ein:

1 Freitag

2 Felix

3 Sohn

4 25

5 9

je 2 Punkte, insgesamt 10 Punkte | 10 P.**

Bei dieser Aufgabe hilf es, wenn Sie in kleinen Schritten denken. Ggf. können Sie sich die Zwischenlösungen auch kurz notieren.
Da die Aufgaben etwas mehr Zeit erfordern, gibt es 2 Punkte pro Nummer.

Frage	*Lösung*	*Lösungshinweis*
1	*Freitag*	*Der Tag nach Montag war Dienstag, das war vorgestern. Also ist heute Donnerstag – und morgen Freitag.*
2	*Felix*	*Um das Alter in eine Reihenfolge zu bringen, müssen die Zusammenhänge genau betrachtet werden: Anna ist genauso alt wie Julia. Da Anna älter ist als Felix, ist auch die gleich alte Julia automatisch älter als Felix. Klaus ist älter als Julia (und damit auch als Anna).*
3	*Sohn/Tochter*	*Beginnen Sie am Ende: … ist der Sohn meines Vaters. Da es keine Geschwister gibt, ist diese Person der Mann selbst. Der Vater der abgebildeten Person ist somit der Vater des Mannes, der das Bild betrachtet. Auf dem Bild ist somit der Sohn (oder die Tochter).*
4	*25*	*Verdoppelung von Tag zu Tag.*
5	*9*	*Dies lässt sich mit einer mathematischen Gleichung lösen. Nehmen Sie die Informationen aus dem Rätsel und fügen Sie diese in eine Gleichung ein, wobei X das gesuchte Alter ist:* $X + 15 = 4*(X-3)$ *Das Ganze dann noch nach X auflösen und herauskommt:* $X = 9$*, Tim ist derzeit also 9 Jahre alt, in 15 Jahren ist er 24 und das ist 4-mal so alt, wie er vor drei Jahren war (als er 6 war).*

Teilaufgabe 1: https://karrierebibel.de/brainteaser-bewerbungsgesprach/
Teilaufgaben 2 bis 5: https://karrierebibel.de/logiktest/

11 Konzentration ist alles

▶ Lösen Sie die nachfolgenden Aufgaben, indem Sie im Lösungsbogen jeweils die richtige Anzahl eintragen.

1 Wie oft hat sich das Wort PAPA (von links nach rechts, Groß- und Kleinschreibung – auch gemischt –, ineinander verschlungen) in der folgenden Aneinanderreihung von Buchstaben versteckt? Prüfen Sie jeweils nur zeilenweise.

d a d a p a b a b a d a d a p a d a d a p a p a b a d a b a b a b a P a p a b a p a d a b a d a b a d a
p a p a d a p a d a d a p a b a b a p a p a d a d a d a p a b a b a p a b a d a d a p a p a b a d a d a b
a b a p a b a p a p a d a p a p a p a b a p a p a d p d a b a d a p a b a p a b a b a d a p a b a p a d
a d a d a b a p a b a d a d a d a d a p a d a d a p a p p a b A d A B b a p a d a d a b a p a b a b a d
a b a b a p a d a p a b a b a p a d a p a b a d a b a b a p a d a b a d a d a p a d a d a d a p a d a b
a p a b a p a b a b a b a p a d a d a d a p a p a p a d a p a p a d a b a b a b a b a d a d a b a d a d
a P a p a d a b a d a p a b a d a b a b a b a p a b a d a d a d a p a d a b a p a d a p a b a p a p a d a
b a d a b a p a d a d a p a b a p a b a d a p a b a p a d a d a p a d a p a b a b a p a d a d a d a p a d

2 Wie viele Buchstaben f oder F haben sich in diesem Text versteckt?

Fischers Fritze kennzeichnet frisch gefischte kennzeichnungspflichtige Fische pflichtgemäß als kennzeichnungspflichtig beziehungsweise nicht kennzeichnungspflichtige frisch gefischte Fische als nicht kennzeichnungspflichtig.

3 Wie oft hat sich das Wort TASTEN (Groß-, Kleinschreibung oder gemischt) in der folgenden Aneinanderreihung von Buchstaben versteckt?

T A S T E N T A S T S C H R E I B E N T A s T E N D S C H R E I B E N T A S T S C H R E I B E R T A S T E N T A S
T E N D S C H r E I B E N T A S T E r T A S T E N T A S T S C H R E I B E R T A S T E N T A S T E N

4 Wie viele Buchstaben p befinden sich in der folgenden Aneinanderreihung von Buchstaben?

pppqyydddllqldldldddpqdqqpqqyydddqqpppqqqqqpyqqqqqppqqqqqq

5 Wie viele Buchstaben q befinden sich in der folgenden Aneinanderreihung von Buchstaben?

qppqppdddllqldldlpppqqdqdqqpppyydddqppqppppqqppppqy

Quelle für Teilaufgabe 1: https://karrierebibel.de/konzentrationstest/
Quelle für Teilaufgabe 2: https://asset.plakos.de/

Meine Lösung:

Tragen Sie Ihre Lösungen ein:

1 ______________

2 ______________

3 ______________

4 ______________

5 ______________

5 P.

11 Konzentration ist alles

Tragen Sie Ihre Lösungen ein:

1 14

2 13

3 7

4 11

5 13

je 1 Punkt, insgesamt 5 Punkte | 5 P.

Bei diesem Aufgabentyp muss man sich sehr gut konzentrieren. Ggf. hilft es, sich die Zwischensummen der Zeilen am Rand zu notieren.

12 Kontra Einwegverpackungen

Zum Thema „Warum sollte der Handel Einwegverpackungen vermeiden?" liegen Ihnen eine Stoffsammlung mit sechs Stichpunkten und eine Auflistung von sieben möglichen Oberbegriffen vor.

▶ Die Stichpunkte der Stoffsammlung sollen mithilfe von **drei** Oberbegriffen gegliedert werden. Tragen Sie die Kennbuchstaben der drei passenden Oberbegriffe in die Tabelle im Lösungsbogen ein und ordnen Sie diesen jeweils die Kennnummern der dazugehörigen bzw. am besten dazu passenden Stichpunkte aus der Stoffsammlung zu. (Hinweis: Kein Stichpunkt darf zweimal zugeordnet werden.)

Stoffsammlung:

1 Schonender Umgang mit natürlichen Rohstoffen und Ressourcen

2 Reduzierung der Verpackungskosten

3 kaum Nährboden für Bakterien durch feuchte Umgebung in Plastiktüten

4 keine Schadstoffabgabe der Umverpackung an Lebensmittel

5 Erschließung eines neuen Kundenkreises

6 Aktiver Beitrag zum Umweltschutz

Oberbegriffe:

A Gesellschaftliche Aspekte

B Kulturelle Aspekte

C Ökologische Aspekte

D Geschichtliche Aspekte

E Psychologische Aspekte

F Gesundheitliche Aspekte

G Finanzielle Aspekte

Meine Lösung:

Tragen Sie die Kennbuchstaben der drei passenden Oberbegriffe ein und ordnen Sie diesen jeweils die Kennnummern der dazugehörigen bzw. am besten dazu passenden Stichpunkte aus der Stoffsammlung zu.

Oberbegriffe	Stoffsammlung

6 P.**

12 Kontra Einwegverpackungen

Tragen Sie die Kennbuchstaben der drei passenden Oberbegriffe ein und ordnen Sie diesen jeweils die Kennnummern der dazugehörigen bzw. am besten dazu passenden Stichpunkte aus der Stoffsammlung zu.

Oberbegriffe	Stoffsammlung
C	1, 6
F	3, 4
G	2, 5

pro Zeile jeweils 2 Punkte, insgesamt 6 Punkte
Punktevergabe jeweils nur, wenn genau zwei Kennnummern einem Kennbuchstaben richtig zugeordnet wurden
Reihenfolge beliebig
pro Zeile 0 Punkte bei nicht vollständig korrekter Lösung

6 P.**

Hier ist es u.a. wichtig die Aufgabenstellung genau zu lesen: ***nur bei drei der genannten sieben Oberbegriffe ist es möglich, jeweils zwei Stichpunkte der Stoffsammlung zuzuordnen.***

Achtung: Falls Sie einen Stichpunkt doppelt bzw. mehr als zwei Stichpunkte zuordnen, werden Punkte abgezogen!

Lesen Sie sich die vorgegebenen Stichpunkte genau durch und überlegen Sie, ob es Oberbegriffe gibt, die Sie gleich streichen können, da Sie keine zwei Stichpunkte zuordnen können (z. B. Oberbegriff D und E). Anschließend können Sie die Stichpunkte paarweise zusammenfassen und dem jeweilig passenden Oberbegriff zuteilen oder Sie versuchen für jeden der verbliebenen Oberbegriffe zwei passende Stichpunkte zu finden.

13 Einwegverpackung – Für und Wider

In einer Managersitzung eines großen Einkaufszentrums wird darüber diskutiert, was für und was gegen eine Teilnahme am Modellversuch „Vollständiger Verzicht auf Einwegverpackungen" sprechen würde. Die wichtigsten Argumente wurden mitnotiert. Dabei gerieten Behauptungen und Begründungen durcheinander. Ordnen Sie den Behauptungen (Beh. 1, Beh. 2, …) jeweils eine **inhaltlich treffende** Begründung (A, B, …) zu, sodass schließlich alle Argumentationsbestandteile **eindeutig** zueinanderpassen.

▶ Tragen Sie dazu die Kennbuchstaben der Begründungen zu den entsprechenden Kennnummern der Behauptungen im Lösungsbogen ein.

Mitschrift der Managersitzung „Verzicht auf Einwegverpackungen"

Beh. 1 Reduzierung des Müllaufkommens

A Lose Waren werden vielfach von den Kunden angefasst, durch Tasten geprüft und möglicherweise auch mit Infektionserregern kontaminiert.

Beh. 2 Erschließung eines neuen Kundenstamms

B Verpackte Lebensmittel, z. B. Obst in Kunststoffschalen, lassen sich einfacher und beschädigungsfrei befördern.

Beh. 3 Lagerhaltung und Transport

C 350.000 Tonnen Abfall durch Einwegverpackungen im Jahr 2017 zeigen, dass Wegwerfprodukte konsequent durch Mehrweglösungen ersetzt werden müssen.

Beh. 4 Haltbarkeit der Lebensmittel

D Sehr viele Verbraucher suchen, beunruhigt durch die Plastikproblematik, nach Alternativen beim Einkauf bzw. weichen auf „Unverpackt"-Läden aus.

Beh. 5 Gewährleistung von Hygiene

E Kunststoffbehälter bewahren die Schutzgasatmosphäre, sodass die darin befindlichen Lebensmittel weniger schnell verderben.

Meine Lösung:

Tragen Sie jeweils den betreffenden Kennbuchstaben ein:

Behauptung	1	2	3	4	5
Begründung					

5 P.

13 Einwegverpackung – Für und Wider

Tragen Sie jeweils den betreffenden Kennbuchstaben ein:

Behauptung	1	2	3	4	5
Begründung	C	D	B	E	A

je 1 Punkt, insgesamt 5 Punkte 5 P.

Auch bei dieser Aufgabe heißt es wieder genau und konzentriert zu lesen. Wie in der Aufgabenstellung ersichtlich, soll den Behauptungen (Beh. 1, Beh. 2 ...) jeweils eine inhaltlich treffende und eindeutige Begründung zugeordnet sein.
Beginnen Sie mit der ersten Behauptung und stellen Sie sich die Frage „Warum ist das so?“ Gehen Sie Schritt für Schritt die aufgelisteten Behauptungen durch, um die richtige Antwort zu finden. Wenn Sie sich bei einer Behauptung nicht sicher sind, finden Sie die Antwort nach dem Ausschlussprinzip, z. B.

Behauptung	*Frage*	*Begründung*
2. Erschließung eines neuen Kundenstamms	*Warum ist das so?*	*D. Sehr viele Verbraucher suchen, beunruhigt durch die Plastikproblematik, nach Alternativen beim Einkauf bzw. weichen auf „Unverpackt“-Läden aus. Diese Kunden kann man wieder zu sich ziehen.*

14 Umweltschutz geht uns alle an!

Sie haben einen Artikel über den sogenannten Coastal Cleanup Day gelesen. Jedes Jahr beteiligen sich daran hunderte freiwillige Helferinnen und Helfer und sammeln bei etlichen Aktionen vor allem Plastikmüll aus Flüssen, Seen und an Stränden.

Sie wollen Ihre Freunde davon überzeugen, im nächsten Jahr gemeinsam und ehrenamtlich eine derartige Aktion zu planen und durchzuführen. Um sie beim nächsten Treffen zu überzeugen, haben Sie sich einige Gedanken notiert.

▶ Kreuzen Sie im Lösungsbogen an, welche der aufgeführten Notizen inhaltlich zu Ihrem Anliegen passen bzw. nicht passen.

Notizen für das Gespräch

1. Erkenntnisreiche Freizeitgestaltung
   → Planung und Durchführung einer derartigen Aktion
2. Aktiver Umweltschutz
   → Beitrag zur Reinhaltung der Gewässer
3. Bewegung und Spaß
   → Gemeinsame Unternehmung mit Freunden in der freien Natur
4. Erwerb neuer Fähigkeiten
   → Zusammenarbeiten im Team
5. Auswirkung
   → Wirkungslosigkeit derartig kleiner Umweltmaßnahmen

Meine Lösung:

Kreuzen Sie an:	1	2	3	4	5
passt					
passt nicht					

5 P.

14 Umweltschutz geht uns alle an!

Kreuzen Sie an:

	1	2	3	4	5
passt	X	X	X	X	
passt nicht					X

je 1 Punkt, insgesamt 5 Punkte
kein Punkt für jede Spalte mit mehr als einem Kreuz

5 P.

Die aufgelisteten Notizen müssen daraufhin untersucht werden, ob sie inhaltlich zu dem geplanten Gespräch mit Freunden passen und diese davon überzeugen können, an einem sog. Coastal CleanUp Day teilzunehmen.

Die Aussage „Wirkungslosigkeit derartig kleiner Umweltmaßnahmen" trägt z. B. nicht dazu bei Ihre Freunde zu überzeugen und passt damit also nicht zum Thema.

15 Plastikfreies Einkaufen

Ihr örtlicher Lebensmittelmarkt möchte zur Leitfrage „Muss wirklich alles in Plastik verpackt sein?" ein Stimmungsbild der Kundschaft erheben. Sie sprechen sich klar für einen Verzicht auf Plastikverpackungen aus.

▶ Formulieren Sie für diesen Standpunkt **eine aussagekräftige Behauptung, begründen Sie diese** ausführlich und veranschaulichen Sie Ihre Argumentation anhand **eines** überzeugenden Beispiels.

Achten Sie auf eine fehlerfreie Sprache und eine abwechslungsreiche Wortwahl.

Meine Lösung:

12 P.

15 Plastikfreies Einkaufen

Inhalt:

Kriterien für die Bewertung des Arguments
- Bezug auf die vorgegebene Situation (plastikfreies Einkaufen)
- stichhaltige, logische und folgerichtige Begründung
- Veranschaulichung durch ein passendes Beispiel

Sprache und Rechtschreibung:
- Satzbau weitgehend fehlerfrei
- Wortwahl abwechslungsreich
- Sprachniveau angemessen/situationsgerecht
- korrekte Rechtschreibung

Bei einer **Themaverfehlung** (andere Behauptung) ist die Aufgabe mit **0 Punkten** zu bewerten. In diesem Fall keine Punktvergabe auf Sprache/Rechtschreibung.

Inhalt: maximal 8 Punkte (Behauptung 2 Punkte, Begründung und Beispiel 6 Punkte)
Sprache und Rechtschreibung: maximal 4 Punkte
insgesamt 12 Punkte 12 P.

*Bei dieser Aufgabe ist es wichtig, die Aufgabenstellung genau zu lesen. Sie sprechen sich in dem Stimmungsbild klar für einen Verzicht auf Plastikverpackungen aus, müssen aber als Aufgabe hierzu lediglich **eine Behauptung formulieren, diese ausführlich begründen und sie mit einem überzeugenden Beispiel belegen**.*
Kurz gesagt, ist hier die Formulierung eines Argumentes gefragt. Im Argument auf weitere Vorteile oder sogar Nachteile von Plastikverpackung einzugehen, ist falsch.

16 Nicht immer, aber immer öfter – Recyclingquoten

Recycling ist eine Möglichkeit, den Müllberg zu reduzieren. Die nachfolgende Abbildung vergleicht die Recyclingquoten europäischer Staaten.

▶ Kreuzen Sie im Lösungsbogen an, ob folgende Aussagen nach Angaben der Grafik und Ihrem geographischen Grundwissen richtig, falsch oder der Grafik nicht zu entnehmen sind.

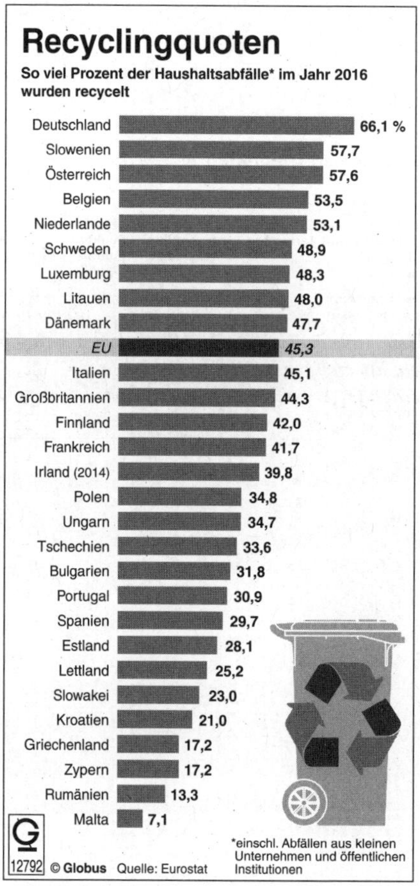

Aussagen:

1 Alle drei baltischen Staaten liegen in der Recyclingquote unter dem EU-Durchschnitt.

2 Der bevölkerungsreichste der aufgelisteten Staaten hat die höchste Recyclingquote.

3 Slowenien ist der Staat mit der stärksten Zunahme der Recyclingquote.

4 Die Staaten, die mehr als die Hälfte ihrer Haushaltsabfälle der Wiederverwertung zuführen, liegen alle nördlich der Alpen.

5 In der Grafik wird auch die Recyclingquote eines nichteuropäischen Staates ausgewiesen.

6 Der Staat in der Grafik mit der geringsten Recyclingquote liegt im Mittelmeer.

7 Die aufgeführten Staaten der Iberischen Halbinsel haben niedrigere Recyclingquoten als die aufgelisteten Staaten Skandinaviens.

8 Die Recyclingquote Russlands beträgt weniger als 7 Prozent.

Die Lösungen zu Aufgabe 16 finden Sie auf Seite 153.

Meine Lösung:

Kreuzen Sie an:	1	2	3	4	5	6	7	8
richtig								
falsch								
nicht zu entnehmen								

8 P.

16 Nicht immer, aber immer öfter – Recyclingquoten

Kreuzen Sie an:	1	2	3	4	5	6	7	8
richtig		X				X	X	
falsch	X			X	X			
nicht zu entnehmen			X					X

je 1 Punkt, insgesamt 8 Punkte
kein Punkt für jede Spalte mit mehr als einem Kreuz

8 P.

Bei dieser Aufgabe kommt es darauf an, die Grafik genau zu lesen und die Aussagen mit Ihrem geographischen Grundwissen zu kombinieren.

Aussage	*Lösung*	*Begründung/Lösungshinweise*
1	*falsch*	*Hier muss man erkennen, dass Litauen zu den baltischen Staaten gehört. Litauen liegt über dem EU-Durchschnitt und damit ist die Aussage falsch.*
2	*richtig*	*Hier muss man wissen, dass Deutschland der bevölkerungsreichste Staat Europas und damit auch dieser Liste ist.*
3	*nicht zu entnehmen*	*Die Aussage ist nicht zu entnehmen, da die Grafik überhaupt keine Aussagen zur Entwicklung enthält.*
4	*falsch*	*Slowenien liegt auf der Alpensüdseite. Daher ist die Aussage falsch.*
5	*falsch*	*Es sind nur europäische Staaten aufgeführt. Daher ist die Aussage falsch.*
6	*richtig*	*Malta ist eine Insel im Mittelmeer. Daher ist die Aussage richtig.*
7	*richtig*	*Das kann abgelesen werden, wenn man weiß, welche Staaten zu Skandinavien gehören (Dänemark, Norwegen, Schweden und Finnland) und welche zur Iberischen Halbinsel (Portugal und Spanien).*
8	*nicht zu entnehmen*	*Angaben zu Russland sind nicht enthalten.*

17 Plastikmüll in der EU

Zum hier abgedruckten Text „Deutschland produziert viel Plastikmüll" mit der Infografik „Plastikmüll: Wer ihn macht – und wer recycelt" finden Sie zehn Aussagen, die sich auf Text und Grafik beziehen.

▶ Kreuzen Sie im Lösungsbogen an, welche Aussagen gemäß den Materialien richtig und welche falsch sind.

Text mit Grafik:

Mit einem Aufkommen von gut 37 Kilogramm Plastikverpackungsabfall je Einwohner liegt Deutschland mehr als 6 Kilogramm über dem EU-Durchschnitt.

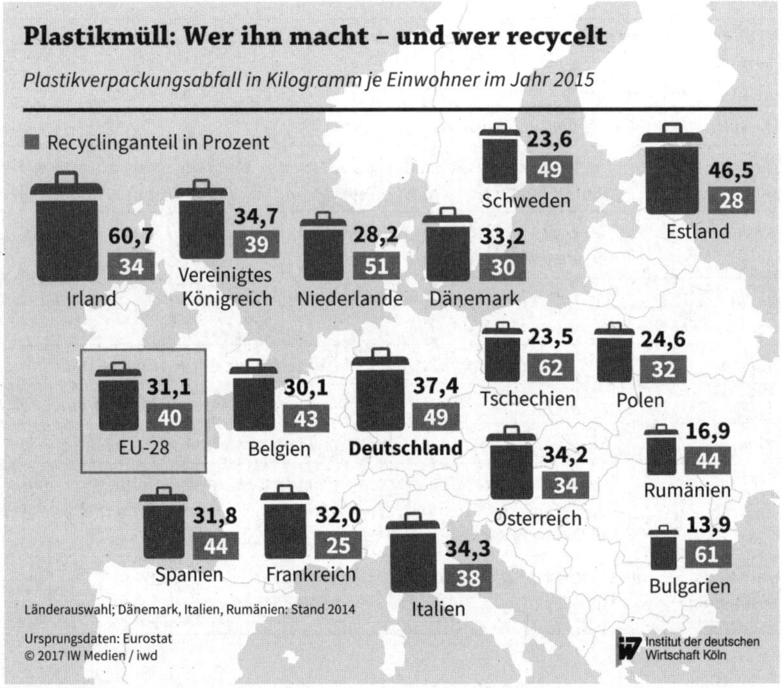

© 2017 IW Medien · iwd 11

Selbst manche Mitgliedsländer mit einer vergleichbar hohen Pro-Kopf-Wirtschaftsleistung verursachen weniger Plastikmüll, so etwa Österreich und Dänemark, vor allem aber die Niederlande und Schweden. Zu erklären ist Deutschlands schlechte Performance in Sachen Plastikvermeidung zu einem Teil wohl auch dadurch, dass der Mehrweganteil an den Getränkeverpackungen trotz Pfand seit Jahren zurückgeht. Lag er 2006 noch bei fast 60 Prozent, waren es 2015 nur noch knapp 46 Prozent.

Zum europäischen Buhmann taugt die Bundesrepublik trotzdem nicht. Denn beim Thema Recycling gehört sie zu den Besseren: Hierzulande wird fast die Hälfte des Plastikverpackungsmülls aufbereitet – im EU-Schnitt beträgt die Recyclingquote nur 40 Prozent.

Die eigentliche Dramatik offenbart sich aber erst beim Blick auf die restlichen Kunststoffverpackungen: Während in Deutschland so gut wie alles nicht recycelte Plastik immerhin energetisch genutzt wird, wird es andernorts noch viel zu häufig auf Deponien verfrachtet. In Griechenland, Polen und Lettland zum Beispiel betrifft dies mehr als 60 Prozent des Plastikmülls. Und Plastik, das weder recycelt noch verbrannt wird, endet – vom Winde verweht oder im Fluss fortgespült – oftmals im Meer.

Quelle (gekürzt): https://www.iwd.de/artikel/das-plastik-problem-368426/, letzter Zugriff am 08.12.2018

Die hier zu überprüfenden Aussagen zu der umfangreichen Aufgabe 17 befinden sich auf der Seite 156.

Aussagen:

1 Alle Daten in der Infografik stammen aus dem Jahr 2015.

2 Im Jahr 2015 fielen je Einwohner der Europäischen Union im Schnitt ca. 31 Kilogramm Plastikabfälle im Verpackungsbereich an.

3 Deutschlands Recyclingquote ist niedriger als die Tschechiens oder Bulgariens.

4 In Deutschland wird auf Getränkeverpackungen Pfand erhoben. Dennoch führte dies nicht zu dem gewünschten Rückgang von Plastikverpackungen in diesem Bereich.

5 In Deutschland fielen gemäß Infografik 37,4 Tonnen Plastikverpackungsabfälle je Einwohner an.

6 In Irland und im Vereinigten Königreich fielen die meisten Plastikabfälle je Einwohner an.

7 Vergleicht man die EU-Länder mit ähnlich hohem Bruttoinlandsprodukt je Einwohner, steht Deutschland beim Anfall von Plastikverpackungsabfall gut da.

8 Bei der Recyclingquote liegt Deutschland 9 Prozentpunkte über dem EU-Schnitt.

9 In Deutschland wird fast der komplette Anteil des nicht recycelten Plastikmülls durch Verbrennung energetisch genutzt.

10 Wenn die Plastikabfälle weder recycelt noch verbrannt werden, können sie von Müllhalden über Wind und Wasser ins Meer gelangen.

Meine Lösung:

Kreuzen Sie an:	**1**	**2**	**3**	**4**	**5**	**6**	**7**	**8**	**9**	**10**
richtig										
falsch										

10 P.

17 Plastikmüll in der EU

Kreuzen Sie an:

	1	2	3	4	5	6	7	8	9	10
richtig		X	X	X				X	X	X
falsch	X				X	X	X			

je 1 Punkt, insgesamt 10 Punkte
kein Punkt für jede Spalte mit mehr als einem Kreuz

10 P.

Bei dieser Infografik sollten Sie zunächst die komplexe Infografik und den dazugehörigen erklärenden Text sowie die zehn Aussagen auf der folgenden Seite mehrmals genau lesen und Wichtiges markieren, bevor Sie entscheiden, welche Aussagen im Lösungsbogen als richtig oder als falsch anzukreuzen sind. Nehmen Sie sich Zeit bei der sorgfältigen Analyse des Materials.
Beim Durchgehen der zehn Aussagen hilft es, erst wichtige Wörter, Begriffe oder Zahlen anzustreichen. Das erleichtert Ihnen den Vergleich des Inhalts der Aussagen mit dem Text. Danach sollten Sie die eindeutig richtigen bzw. falschen Aussagen entsprechend kennzeichnen, bevor Sie in den Lösungsbogen eintragen.
Die Infografik bildet neben dem Mülltonnensymbol eines EU-Landes zunächst den Plastikverpackungsabfall je Einwohner in Kilogramm ab, darunter steht jeweils in einem grauen Feld, wie hoch die Recyclingquote in Prozent ist – es handelt sich also um zwei unterschiedliche Maßeinheiten!
Weitere wichtige Zahlenwerte und Informationen stehen im erklärenden Text zur Grafik.
***Aussage 1** ist falsch, da in der Infografik angemerkt wird, dass die Daten von drei Ländern aus dem Jahr 2014 stammen.*
***Aussage 2** ist richtig, da bei den Zahlenwerten der EU-28 als Durchschnitt 31,1 Kilogramm angegeben sind.*
*Bei den **Aussagen 3, 5, 6 und 8** ist es wichtig, die Informationen aus der Grafik genau auszuwerten – stimmt auch die angegebene Einheit bzw. Maßzahl?*
*Zu den **restlichen Aussagen** finden Sie die Informationen im Begleittext.*

18 Pläne der EU-Kommission

Im folgenden Lückentext über die Kunststoffstrategie der Europäischen Kommission bis zum Jahr 2025 sind sechs Textlücken mit Kennbuchstaben versehen.

▶ Ordnen Sie im Lösungsbogen jeweils dem Kennbuchstaben einer Textlücke die Kennnummer des dazu passenden Begriffs aus der Auswahlliste zu.

Lückentext:

1. **Plastikabfälle vermeiden.** Über Anreize – zum Beispiel eine erweiterte Herstellerverantwortung – und Bewusstseinsbildung soll der Verbrauch an **(A)**, wie Kaffeebechern, reduziert werden. Es gilt haltbarere **(B)** zu etablieren, unnötige Umverpackungen zu vermeiden und Verpackungen wiederzuverwenden.
2. **Recyclingfähigkeit von Produkten verbessern.** Eine erweiterte Verantwortung für den gesamten **(C)** ihrer Produkte soll Hersteller dazu animieren, schon in der Design-Phase auf **(D)** Recycling zu achten.
3. **Den Markt für Recycling-Plastik stärken.** Qualitätsstandards und **(E)** zur Nutzung von recyceltem Plastik sollen Angebot und Nachfrage beflügeln.
4. **Mülltrennung und -sortierung stärken.** So wird Recycling von Kunststoffabfällen in ausreichender Menge und Qualität erst möglich.
5. **Schleichendes Vermüllen vermeiden.** Es soll eindeutige Regeln für biologisch abbaubares und kompostierbares Plastik geben, die dem Zweck dienen, insbesondere die Umweltverschmutzung durch **(F)** zu verhindern.

Quelle: https://www.iwd.de/artikel/das-plastik-problem-368426/, letzter Zugriff am 08.12.2018

Auswahlliste:

1	Müllquoten	**5**	Verbote	**9**	Anreize	**13**	umweltschädliches
2	Investitionen	**6**	Arbeitsablauf	**10**	Komposthaufen	**14**	Bestandsmehrung
3	Mikroplastik	**7**	Einwegprodukten	**11**	Lebenszyklus	**15**	Alternativen
4	leichtes	**8**	erschwertes	**12**	Trinkgläsern		

Meine Lösung:

Ordnen Sie jeweils die zutreffende Kennnummer zu:

A	B	C	D	E	F

6 P.

18 Pläne der EU-Kommission

Ordnen Sie jeweils die zutreffende Kennnummer zu:

A	B	C	D	E	F
7	15	11	4	9	3

je 1 Punkt, insgesamt 6 Punkte 6 P.

Hier sollten Sie zunächst den Lückentext sowie die Begriffe in der Auswahlliste mehrmals genau lesen und im Text nach Signalwörtern suchen. Was wird gesucht? Ein Zahlenwert, ein Fachbegriff oder ein Adjektiv? Für die erfolgreiche Bearbeitung der Aufgabenstellung müssen die einzusetzenden Begriffe nicht nur inhaltlich stimmig sein, sondern sich auch grammatikalisch korrekt in den vorgegebenen Satz einfügen und korrekt geschrieben sein.
Um zu entscheiden, welche Begriffe in die sechs Lücken A bis F des Textes eingesetzt werden müssen, kann es helfen, die Begriffe zunächst mit Bleistift in die Lücken zu schreiben. So kann man sehen, ob einer davon möglicherweise an anderer Stelle besser passt bzw. ob sich der Text stimmig und flüssig lesen lässt. Geben Sie auf jeden Fall für jede Lücke einen der übrigen Kennbuchstaben an, auch wenn Sie sich nicht sicher sind!
*(A) Hier passt nur ein Pluralwort im Akkusativ; das schränkt die Auswahl ein. Vom Sinn her muss es **7** sein.*
*(B) Auch hier geht nur ein Plural, am besten passt inhaltlich **15**.*
*(C) Da es um die Produktpolitik von Herstellern geht, passt **11** am besten.*
*(D) Hier stimmt grammatikalisch nur ein Adjektiv – inhaltlich kann es nur **4** sein, denn das Recycling soll ja sicher nicht erschwert werden.*
*Bei (E) geht es darum, die Nutzung von recyceltem Plastik zu fördern; deshalb passt hier **9** am besten.*
*Bei (F) benötigt man ein Substantiv, grammatikalisch und inhaltlich passt nur **3**.*

19 Vom Abfalleimer in die weite Welt

Vom heimischen Abfalleimer bis zur Wiederverwertung ist es ein weiter Weg, der gut organisiert sein muss.

▶ Im nachfolgenden Lückentext sind sechs Textlücken mit einem Kennbuchstaben versehen. Ordnen Sie im Lösungsbogen jeweils dem Kennbuchstaben einer Textlücke die Kennnummer des dazu passenden Begriffs aus der Auswahlliste zu.

Text:

In Bayern gibt es rund **(A)** Gemeinden. Die Gemeinden unterhalten Wertstoffhöfe, in denen Abfälle gesammelt werden, die nicht per Müllabfuhr abgeholt werden. Die Organisation der Müllabfuhr obliegt in Bayern den 71 **(B)** und den **(C)** kreisfreien **(D)**. Oberste Aufsichtsbehörde über den Vollzug der abfallrechtlichen Vorschriften ist das Bayer. Staatsministerium für **(E)** und Verbraucherschutz.

Auswahlliste:

1 Heimat
2 25
3 Bundesländern
4 2000
5 10
6 90
7 Landkreisen
8 Regierungsbezirken
9 1000
10 200
11 Unterricht
12 Städten
13 großen
14 Verwaltungsgemeinschaften
15 Landwirtschaft
16 Umwelt
17 Ernährung

Meine Lösung:

Ordnen Sie jeweils die zutreffende Kennnummer zu:

A	B	C	D	E

5 P.

20 Der kleine Bruder und sein T-Shirt

Als Annas kleiner Bruder am Morgen in die Küche kommt, muss Anna kichern, denn ihr Bruder hat sein T-Shirt falsch angezogen, mit der Innenseite nach außen. Eigentlich sollte auf dem T-Shirt BENJAMIN zu lesen sein.

▶ Tragen Sie im Lösungsbogen den Kennbuchstaben desjenigen Schriftzugs ein, der dem durchscheinenden Aufdruck entspricht.

A 

B 

C 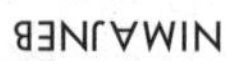

D 

E 

Meine Lösung:

Tragen Sie den zutreffenden Kennbuchstaben ein: ☐

2 P.**

19 Vom Abfalleimer in die weite Welt

Ordnen Sie jeweils die zutreffende Kennnummer zu:

A	B	C	D	E
4	7	2	12	16

je 1 Punkt, insgesamt 5 Punkte 5 P.

Bei dieser Aufgabe muss man einfaches Schulwissen, das einen hohen Alltagswert besitzt, anwenden.

Lücke	*Lösung*	*Begründung/Lösungshinweise*
A	*2000*	*Am besten schätzt man, wie viele Gemeinden der eigene Landkreis hat und multipliziert das dann mit der angegebenen Anzahl der Landkreise (71). Nach dem Ausschlussprinzip sollte man sodann recht leicht auf die gesuchte Zahl kommen.*
B	*Landkreisen*	*Hier hilft es, wenn man mitdenkt: Wenn jede Stadt die Müllabfuhr selbst organisieren müsste, wäre das wenig praktikabel. Auf Bezirksebene wäre das Gebiet zu groß. Daher ist die Landkreisebene richtig.*
C	*25*	*In vielen Städten unterscheiden sich die Kfz-Kennzeichen von kreisfreien Städten und umliegenden Landkreisen. Mit dieser Überlegung und der Anwendung des Ausschlussprinzips (10 ist zu wenig und 90 zu viel) kann man sich der Zahl nähern.*
D	*Städten*	*Als passendes Substantiv zu „kreisfrei" passt nur Antwort 12. Zudem schließt auch die geforderte grammatikalische Form (Plural) die meisten Begriffe bereits aus.*
E	*Umwelt*	*Dass die Abfallwirtschaft nicht zur „Landwirtschaft" oder zur „Ernährung", sondern zum Bereich „Umwelt" gehört, ist sachlogisch.*

20 Der kleine Bruder und sein T-Shirt

Tragen Sie den zutreffenden Kennbuchstaben ein: **B**

2 Punkte 2 P.**

Man muss sich gedanklich hinter Benjamin stellen und „durch ihn durchgucken". Die Buchstaben werden daher nicht einfach über die Längsachse gespiegelt.

21 Logische Reihen

Alle nachfolgend dargestellten Reihen folgen jeweils einem gewissen Schema.

▶ Tragen Sie im Lösungsbogen jeweils die fehlende Zahl bzw. den fehlenden Buchstaben bei der betreffenden Kennnummer ein.

Reihe:

1 Welcher Würfel entspricht dem Würfelnetz?

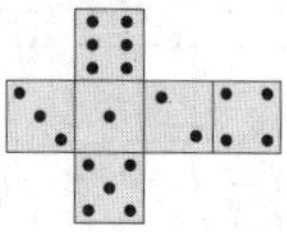

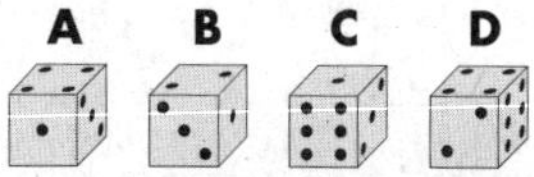

2

Z	A	Y	B	X	C	?	D

3

1	4	10	22	46	?

Quelle: https://karrierebibel.de/brainteaser-bewerbungsgesprach/

Meine Lösung:

Tragen Sie jeweils Ihre Lösung ein:

1	2	3

6 P.**

21 Logische Reihen

Tragen Sie jeweils Ihre Lösung ein:

1	2	3
C	**W**	**94**

je 2 Punkte, insgesamt 6 Punkte 6 P.**

Zahlen- oder Buchstabenreihen wie in Nr. 2 und 3 kann man sehr gut üben. Es geht darum, das System zu erkennen, mit dem eine Reihe fortgesetzt wird. Die Lösungshinweise helfen Ihnen, das jeweilige System nachzuvollziehen, falls Sie die Lösung nicht selbst finden.

Nr.	*Lösung*	*Lösungshinweis*
1	*C*	*Würfel A scheidet aus, da die 1 und 4 im obigen Muster nie aneinander stoßen, dasselbe gilt für Würfel B und die Felder 2 und 3. Würfel D kann es nicht sein, da die 4 in diesem Fall unten liegen müsste.*
2	*W – D*	*Die Buchstabenreihen laufen über Kreuz: Der erste, dritte, fünfte … Buchstabe ist das Alphabet rückwärts; der zweite, vierte, sechste … das Alphabet vorwärts. Gesucht wird der siebte Buchstabe rückwärts ab X und somit ein W.*
3	*94*	*Das Schema lautet: Erst mal zwei, dann plus zwei. Im ersten Fall ergibt das: 1 x 2 = 2; 2 + 2 = 4. Und im letzten Fall: 46 x 2 = 92; 92 + 2 = 94. Daher ist die Lösung 94.*

22 Orientierung im Raum

Eine besondere Herausforderung stellt die Abfallwirtschaft in bevölkerungsreichen Städten dar. Im deutschsprachigen Raum gibt es fünf Millionenstädte.

▶ a) Tragen Sie die Namen der vier in Deutschland liegenden Millionenstädte jeweils mit dem zugehörigen Planquadrat gemäß der nachfolgenden Karte im Lösungsbogen ein. Zwei Planquadrate sind vorgegeben (Buchstaben-Zahlen-kombinationen B1 und A3).

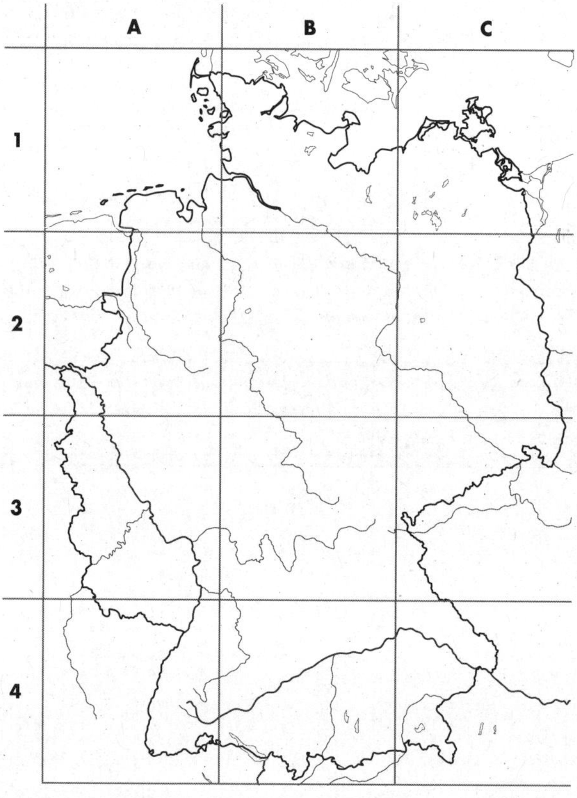

Quelle: https://d-maps.com/carte.php?num_car=2007&lang=de

Meine Lösung:

a) Tragen Sie jeweils Ihre Lösung ein:

Städte	zugehöriges Planquadrat
	B1
	A3

6 P.

▶ b) Die fünfte Millionenstadt des deutschsprachigen Raums liegt nicht in Deutschland. Tragen Sie ihren Namen im Lösungsbogen ein.

Meine Lösung:

b) Tragen Sie den Namen der gesuchten Stadt ein: ______________________ 2 P.**

22 Orientierung im Raum

a) Tragen Sie jeweils Ihre Lösung ein:

Städte	zugehöriges Planquadrat
Hamburg	**B1**
Berlin/München	**C2/B4**
Köln	**A3**
München/Berlin	**B4/C2**

je 1 Punkt pro richtigem Ort und 1 Punkt bei richtigem Planquadrat zum Ort, insgesamt 6 Punkte bei Rechtschreibfehler im Ortsnamen und richtigem Planquadrat nur 1 Punkt für Planquadrat

6 P.

a) Bei dieser Aufgabe muss man die Namen und die grobe Lage der größten deutschen Städte kennen. Berlin, Hamburg und München sind dabei leichte Antworten. Etwas schwieriger ist es, Köln als vierte deutsche Millionenstadt zu kennen.
Für die Nennung der Städte und die Verortung werden bewusst getrennte Punkte vergeben, sodass allein die Kenntnis der Städte schon zu Punkten führt.

b) Tragen Sie den Namen der gesuchten Stadt ein: **Wien**

2 Punkte
Punktevergabe nur bei korrekter Rechtschreibung

2 P.**

b) Dass hier nur Wien und nicht Zürich oder Bern in Frage kommt, ist naheliegend.

23 Ausgaben für Umweltschutz

Zur folgenden Infografik „Geld für eine saubere Umwelt" liegt Ihnen der unten stehende Lückentext vor.

▶ Entnehmen Sie der Infografik die in dem nachfolgenden Lückentext fehlenden Informationen **(1)** bis **(6)** und tragen Sie diese jeweils in den Lösungsbogen ein. Achten Sie dabei auf korrekte Rechtschreibung und Grammatik.

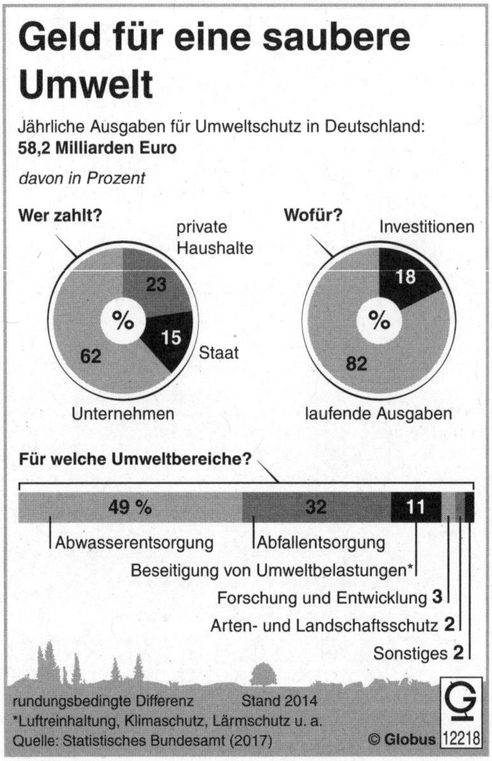

Lückentext:

Im Jahr 2014 wurden in Deutschland ____**(1)**____ Milliarden Euro für den Umweltschutz ausgegeben, das meiste davon für den Bereich der Entsorgung von ____**(2)**____. Für die Abfallentsorgung wurde etwa ein ____**(3)**____ der Ausgaben aufgewendet, 11 % für die Beseitigung von Umweltbelastungen, die z. B. Maßnahmen für eine ausreichende Qualität der ____**(4)**____ umfasst. Während die Verbraucher fast ein ____**(5)**____ der Ausgaben für den Umweltschutz zahlen, werden fast zwei Drittel von den ____**(6)**____ getragen.

Meine Lösung:

Tragen Sie Ihre Lösungen ein:

1 ______________________

2 ______________________

3 ______________________

4 ______________________

5 ______________________

6 ______________________

6 P.

23 Ausgaben für Umweltschutz

Tragen Sie Ihre Lösungen ein:

1 **58,2**

2 **Abwasser** (nicht: Abwasserentsorgung)

3 **Drittel**

4 **Luft**

5 **Viertel**

6 **Unternehmen**

je 1 Punkt, insgesamt 6 Punkte
Punktevergabe nur bei korrekter Rechtschreibung und Grammatik

6 P.

Bei dieser Infografik sollten Sie zunächst alle Informationen in der Grafik sowie den dazugehörigen, erklärenden Lückentext mehrmals genau lesen, bevor Sie entscheiden, welche Angaben in die sechs Lücken des Textes eingesetzt werden müssen. Vorsicht: Das rechts abgebildete Kreisdiagramm stellt eine Zusammenfassung des Balkendiagramms mit den Umweltbereichen dar – lassen Sie sich nicht verwirren!
Nun sollten Sie im Lückentext nach Signalwörtern suchen. Was wird gesucht? Ein Zahlenwert, ein Fachbegriff oder ein Adjektiv? Für die erfolgreiche Bearbeitung der Aufgabenstellung müssen die einzusetzenden Begriffe nicht nur inhaltlich stimmig sein, sondern sich auch grammatikalisch korrekt in den vorgegebenen Satz einfügen und korrekt geschrieben sein.
*Bei **Lücke 1** geht es um die Anzahl an Milliarden Euro, die sich im Untertitel der Überschrift zur Infografik findet. Bei **Lücke 2** finden Sie die Lösung im Balkendiagramm – Vorsicht, da „Entsorgung von" bereits im Text angegeben ist, darf hier nur „Abwasser" eingesetzt werden! Bei **Lücke 3 und 5** könnte es sich um einen Prozentsatz oder einen Anteil handeln; da bei Lücke 3 „32 %" grammatikalisch nicht stimmen, muss hier nach „etwa ein" das Wort „Drittel" eingesetzt werden. Bei Lücke 5 findet man die Lösung im links abgebildeten Kreisdiagramm – 23 % sind fast ein „Viertel". Auch bei **Lücke 4** muss man genau hinsehen: die genannten 11 % beziehen sich auf Umweltbelastungen, die im unteren Bereich der Infografik genauer beschrieben werden. Grammatikalisch und inhaltlich passt nur „Luft" in die Lücke. Für **Lücke 6** findet sich die Lösung im links abgebildeten Kreisdiagramm: „fast zwei Drittel" entsprechen etwa 62 %, deshalb muss hier „Unternehmen" eingesetzt werden.*

24 Plastiktüten

Im Folgenden finden Sie acht Aussagen, die sich auf die unten abgedruckte Infografik „Umweltbelastung durch Plastiktüten" beziehen.

▶ Kreuzen Sie im Lösungsbogen die Kennnummern der zutreffenden Aussagen an.

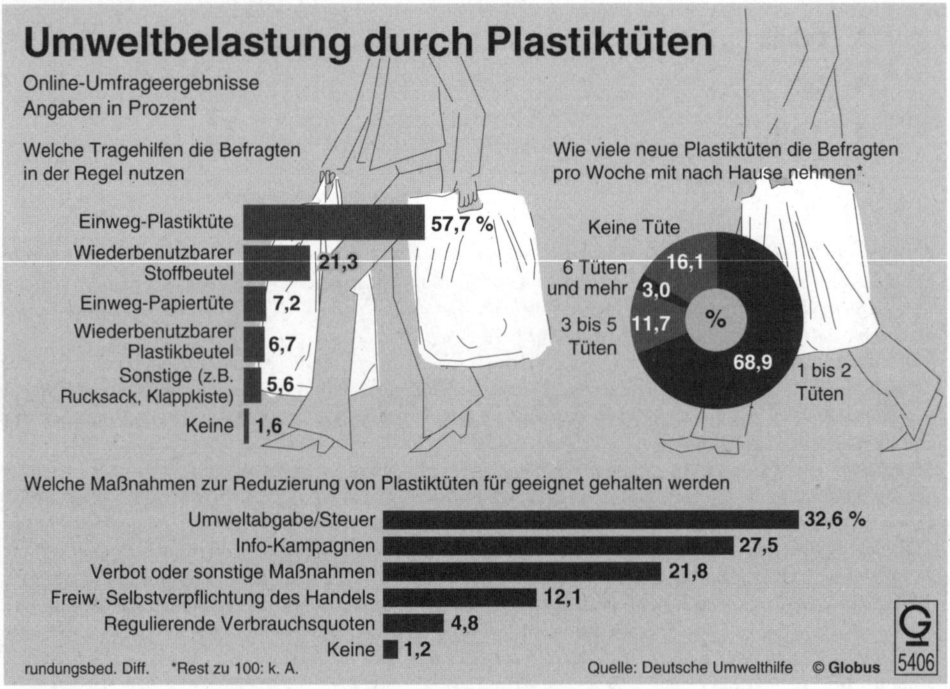

Aussagen:

1 Die Umfrage wurde im Internet durchgeführt.

2 Über drei Viertel der Befragten bringen jede Woche ein bis zwei neue Plastiktüten mit nach Hause.

3 Über die Hälfte der Plastiktüten sind Einweg-Tüten.

4 Die Befragten bevorzugen wiederverwendbare Plastiktüten.

5 Die Befragten schlugen am häufigsten eine Maßnahme von Seiten des Staates vor, um die Nutzung von Plastiktüten einzudämmen.

6 Etwa jedem hundertsten Befragten fiel keine Maßnahme zur Vermeidung der Plastiktüten ein.

7 Die Angabe „rundungsbed. Diff." steht für „rundungsbedeutende Differenz".

8 Wiederbenutzbare Stoffbeutel sind viermal so beliebt wie Einweg-Papiertüten.

Meine Lösung:

Kreuzen Sie die zutreffenden Kennnummern an:

	1	2	3	4	5	6	7	8
richtig	☐	☐	☐	☐	☐	☐	☐	☐

4 P.

24 Plastiktüten

Kreuzen Sie die zutreffenden Kennnummern an:

	1	2	3	4	5	6	7	8
richtig	X		X		X	X		

je 1 Punkt, insgesamt 4 Punkte
Bei mehr als 4 Kreuzen: 1 Punkt Abzug pro zusätzlichem Kreuz (niedrigster Endpunktwert 0)

4 P.

Die hier abgebildete Infografik befasst sich mit der Umweltbelastung durch Plastiktüten – dargestellt in einem Kreis- und zwei Balkendiagrammen. Darunter finden Sie acht Aussagen zum Textinhalt – im Lösungsbogen sollen Sie hier nur die Kennzahlen der ***richtigen*** *Aussagen ankreuzen! Da es auf diese Aufgabe 4 Punkte gibt (siehe Randspalte des Lösungsbogens), sind also vier Aussagen richtig. Wenn Sie mehr als vier Kreuze machen, erhalten Sie einen Punktabzug.*
Sie sollten die Infografik und die acht Aussagen genau durchgehen und wichtige Wörter, Begriffe oder Zahlen anstreichen. Das erleichtert Ihnen den Vergleich des Inhalts der Aussagen mit der Grafik.
Richtig sind die ***Aussagen 1, 3, 5 und 6****. Ihr Inhalt ist teilweise direkt aus der Grafik ablesbar, wobei man die Prozentsätze in Bezug auf den Grundwert von 100 % sehen muss.*
Aussage 2 *ist falsch, da ihr Inhalt nur auf 68,9 % der Befragten zutrifft, also nur auf gut zwei Drittel.*
Zu ***Aussage 4*** *findet man Informationen im ersten Balkendiagramm: vorwiegend wird die Einweg-Plastiktüte genutzt, kaum die wieder verwendbaren Plastiktüten.*
Bei ***Aussage 7*** *hilft nur Grundwissen: es bedeutet „rundungsbedingte Differenz“ – also Unterschiede, die durchs Runden der Zahlenwerte entstehen.*
Bei ***Aussage 8*** *kommt es auf das genaue Lesen des ersten Balkendiagramms an: zu 21,3 % werden wiederbenutzbare Stoffbeutel genutzt, zu nur 7,2 % die Einweg-Papiertüten; diese Aussage ist also falsch.*

25 „Die Staatsgewalt geht vom Volke aus."

Als Ergebnis der Novemberrevolution des Jahres 1918 wurde Ende Juli 1919 von der Nationalversammlung die Reichsverfassung der Weimarer Republik verabschiedet. Sie trat am 11. August 1919 in Kraft und bildete die Basis für die erste deutsche Republik.

▶ Überprüfen Sie mithilfe des Verfassungsschemas in der nachfolgenden Abbildung, ob die vorgegebenen Aussagen richtig, falsch oder der Grafik nicht zu entnehmen sind. Kreuzen Sie im Lösungsbogen jeweils das Zutreffende an.

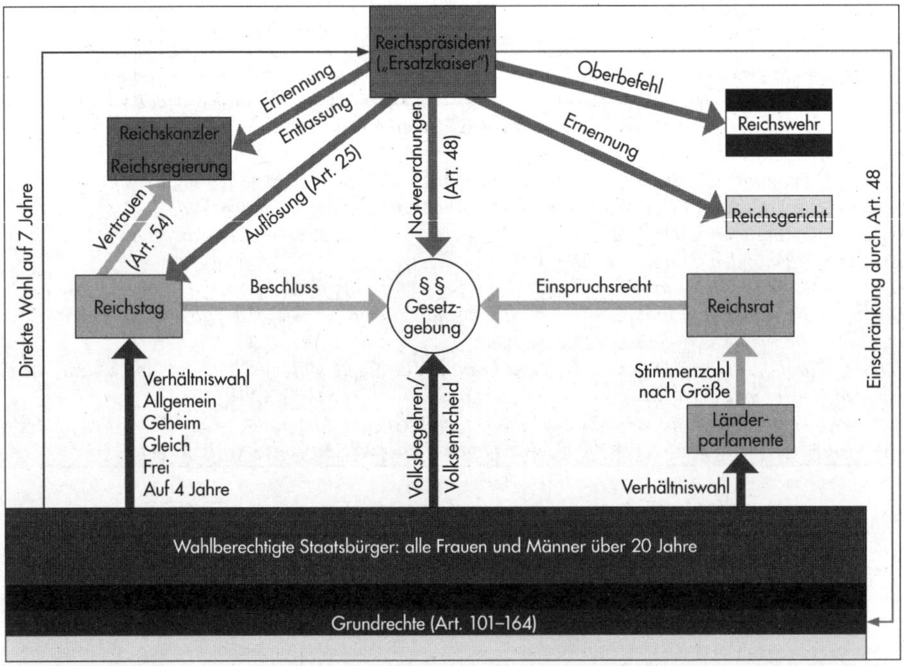

Quelle: Hessischer Bildungsserver, https://lernarchiv.bildung.hessen.de/sek/geschichte/epoche/neuere_geschichte/weimarer_republik/edu_9476.html

Aussagen:

1 Frauen erhielten erstmals das Recht, in allgemeinen, geheimen, gleichen und freien Wahlen zu wählen.

2 Ein Problem der Weimarer Verfassung war die fehlende Fünfprozenthürde, die zu einer politischen Zersplitterung des Reichstages in viele Parteien führte.

3 Der Reichspräsident konnte keinen Einfluss auf die Gesetzgebung nehmen.

4 Der Reichskanzler wurde von den Abgeordneten des Reichstages gewählt.

5 Der für die Dauer von vier Jahren gewählte Reichspräsident besaß den Oberbefehl über die Reichswehr.

6 Der Reichspräsident wurde direkt vom Volk gewählt.

7 Artikel 140 des Grundgesetzes der Bundesrepublik Deutschland nimmt Bezug auf Bestimmungen der Weimarer Verfassung.

8 In der Weimarer Verfassung waren keine Elemente der direkten Demokratie wie Volksbegehren und Volksentscheide vorgesehen.

Meine Lösung:

Kreuzen Sie an:	1	2	3	4	5	6	7	8
richtig								
falsch								
nicht zu entnehmen								

8 P.

25 „Die Staatsgewalt geht vom Volke aus."

Kreuzen Sie an:

	1	2	3	4	5	6	7	8
richtig						X		
falsch			X	X	X			X
nicht zu entnehmen	X	X					X	

je 1 Punkt, insgesamt 8 Punkte
kein Punkt für jede Spalte mit mehr als einem Kreuz

8 P.

Bei dieser Aufgabe müssen Sie die zur Auswahl stehenden Aussagen dahingehend überprüfen, ob sie mit Blick auf das Verfassungsschema der Weimarer Republik eindeutig richtig (R), falsch (F) oder der Grafik nicht zu entnehmen sind (NE).
Neben der Fähigkeit Schaubilder genau zu lesen, ist auch die Kenntnis der wichtigsten Fakten zur Verfassung der ersten deutschen Republik (1919–1933) von Vorteil.

- *Aussage 1: Tatsächlich durften Frauen in der Weimarer Republik wählen. Allerdings ist dem Schaubild nicht zu entnehmen, dass dies „erstmals" geschah. Insofern ist die richtige Antwort „Nicht zu entnehmen" (NE).*
- *Aussage 2: Das Problem der Zersplitterung des Reichstages aufgrund der fehlenden Fünfprozenthürde bestand in der Weimarer Republik tatsächlich. Allerdings ist dieser Sachverhalt nicht als Information in der Grafik zu finden (NE).*
- *Aussage 3: Diese Aussage ist falsch (F). Aus dem Verfassungsschema lässt sich ablesen, dass der Reichspräsident über die in Artikel 48 festgelegten Notverordnungen Einfluss auf die Gesetzgebung nehmen kann. In der Praxis wurde das Gesetzgebungsverfahren über Notverordnungen besonders ab 1930 während der Zeit der sogenannten Präsidialkabinette genutzt.*
- *Aussage 4: Auch bei dieser Aussage lässt sich die Lösung direkt in der Grafik finden. Der Reichskanzler wird vom Reichspräsidenten ernannt und nicht wie heute von den Abgeordneten des Parlaments gewählt. Damit ist Aussage 4 falsch (F).*
- *Aussage 5: Hier ist genaues Hinschauen gefordert! Der Reichspräsident besaß tatsächlich den Oberbefehl über die Reichswehr, was sich leicht dem Schema entnehmen lässt. Allerdings wird er nicht für die Dauer von vier Jahren, sondern von sieben Jahren (siehe Pfeil ganz links) gewählt. Damit ist diese Aussage falsch (F).*
- *Aussage 6: Diese Aussage lässt sich mit Hilfe des Pfeils ganz links leicht als richtig (R) beantworten.*
- *Aussage 7: Artikel 140 des Grundgesetzes nimmt tatsächlich Bezug auf einige Bestimmungen der Weimarer Verfassung, allerdings ist diese Information nicht in der Grafik enthalten (NE).*
- *Aussage 8: Diese Aussage ist falsch (F). Wie im Verfassungsschema dargestellt ist, konnten die wahlberechtigten Staatsbürger über Volksbegehren und -entscheide sehr wohl Einfluss auf die Gesetzgebung nehmen.*

26 Die deutsche Teilung vor 70 Jahren

▶ Ergänzen Sie die Lücken im nachfolgenden Text mit den passenden Namen und Begriffen aus der vorgegebenen Auswahlliste. Tragen Sie die entsprechenden Kennnummern in den Lösungsbogen ein.

Text:

Die Teilung Deutschlands 1949: Gründung zweier deutscher Staaten

Spätestens 1948 war deutlich geworden, dass es zwischen den Besatzungsmächten unüberbrückbare Gegensätze gab, was die Vorstellungen von der weiteren Zukunft Deutschlands betraf. Die USA entschieden sich, in den Westzonen die Gründung eines eigenen deutschen Staates voranzutreiben. Dieser sollte ein Bollwerk gegen den **(A)** bilden. Auf der Londoner Sechsmächtekonferenz, an der die Vertreter der drei Westmächte (USA, **(B)** und Großbritannien) und der Beneluxstaaten teilnahmen, wurde die Schaffung eines solchen Staates beschlossen. In den Frankfurter Dokumenten wurden die Ministerpräsidenten der Bundesländer ermächtigt, eine Versammlung einzuberufen, deren Aufgabe die Ausarbeitung einer Verfassung sein sollte. Diese Aufgabe übernahm der **(C)** Rat, dem Vertreter aller Parteien angehörten. Den Vorsitz führte **(D)**: Er hatte später (von 1949 bis 1963) das Amt des Bundeskanzlers inne. Mit der Unterzeichnung des **(E)** am 23. Mai 1949 wurde die Bundesrepublik Deutschland offiziell gegründet. Provisorische Hauptstadt wurde **(F)**.

Nachdem die Westmächte deutliche Signale für einen eigenen Staat gesetzt hatten, verstärkte **(G)** seine Bemühungen, auf dem Gebiet der sowjetischen Besatzungszone einen sozialistischen Staat nach sowjetischem Vorbild zu errichten. Dazu wurde ein Volksrat gewählt, der auf Grundlage eines Entwurfs der Sozialistischen Einheitspartei Deutschlands (SED) eine Verfassung ausarbeiten sollte. Am 7. Oktober 1949 wurde die Verfassung vom Volkskongress angenommen. Damit war die DDR, die **(H)**, gegründet.

Auswahlliste:

1 Nationalsozialismus
2 Bürgerlichen Gesetzbuches
3 Konrad Adenauer
4 Nikita Chruschtschow
5 Italien
6 Frankreich
7 Berlin
8 Parlamentarische
9 Bonn
10 Josef Stalin
11 Politische
12 Direkte Deutsche Republik
13 Theodor Heuss
14 Kommunismus
15 Deutsche Demokratische Republik
16 Grundgesetzes

Meine Lösung:

Tragen Sie jeweils die zutreffende Kennnummer ein:

A	B	C	D	E	F	G	H

8 P.

26 Die deutsche Teilung vor 70 Jahren

Tragen Sie jeweils die zutreffende Kennnummer ein:

A	B	C	D	E	F	G	H
14	6	8	3	16	9	10	15

je 1 Punkt, insgesamt 8 Punkte | 8 P.

Zur Vorbereitung auf die Auswahlprüfung ist es ratsam, sich über aktuelle Jubiläen und Jahrestage im Prüfungsjahr zu informieren. Einschlägige Suchmaschinen im Internet helfen Ihnen hier schnell weiter, wenn Sie z. B. den Suchbegriff „Jubiläum 20...“ eingeben.
Die Gründung der beiden deutschen Staaten BRD und DDR jährte sich im Prüfungsjahr 2019 zum 70. Mal. Wichtige Hintergrundinformationen dazu lassen sich beispielsweise in den gängigen Schulbüchern nachlesen.
Die Bearbeitung dieser Aufgabe erfordert, dass Sie aus einer Auswahlliste die passenden Lösungsbegriffe entnehmen.

- *Lücke A: Richtig ist Antwort 14. Nach dem Zweiten Weltkrieg verschärfte sich der ideologische Gegensatz zwischen den USA und der kommunistischen UdSSR.*
- *Lücke B: Richtig ist Antwort 6. Frankreich gehörte neben den USA und Großbritannien zu den wichtigsten Westmächten, die über die Zukunft Deutschlands verhandelten.*
- *Lücke C: Richtig ist Antwort 8. Die Ausarbeitung der westdeutschen Verfassung übernahm der Parlamentarische Rat.*
- *Lücke D: Richtig ist Antwort 3. Konrad Adenauer hatte den Vorsitz inne.*
- *Lücke E: Richtig ist Antwort 16. Die westdeutsche Verfassung erhielt den Namen Grundgesetz.*
- *Lücke F: Richtig ist Antwort 9. Von 1949 bis 1990 war Bonn die Hauptstadt der Bundesrepublik Deutschland. Im Zuge der Wiedervereinigung der beiden deutschen Staaten wurde Berlin ab 1990 Bundeshauptstadt.*
- *Lücke G: Richtig ist Antwort 10. Bis zu seinem Tod 1953 hatte Josef Stalin die politische Macht in der UdSSR und damit auch in der sowjetischen Besatzungszone Deutschlands in Händen.*
- *Lücke H: Richtig ist Antwort 15. Das Kürzel DDR steht für Deutsche Demokratische Republik.*

27 Der neue Landtag in Bayern

▶ Ergänzen Sie die Lücken im nachfolgenden Text mit den passenden Begriffen aus der Auswahlliste. Tragen Sie die entsprechenden Kennnummern in den Lösungsbogen ein.

Text:

Landtagswahlen und Regierungsbildung

Im Oktober 2018 erfolgte die 18. Landtagswahl in Bayern nach dem Zweiten Weltkrieg.

Gleichzeitig mit der Wahl zum Bayerischen Landtag wurden auch die sieben bayerischen **(A)** gewählt.

Bayern ist in 91 Stimmkreise unterteilt, in denen die Bürgerinnen und Bürger mit ihrer **(B)** eine Direktkandidatin oder einen Direktkandidaten wählen.

Die Verteilung der – ohne Überhang- und Ausgleichsmandate – **(C)** Sitze im Landtag soll möglichst genau dem Wählerwillen entsprechen. Dafür wird durch die Zweitstimmen die knappe Hälfte der Mandate im Bayerischen Landtag an **(D)** vergeben.

Keine der insgesamt **(E)** Fraktionen, die im neuen Landtag vertreten sind, konnte die **(F)** erringen.

Nachdem in der konstituierenden Sitzung eine/ein neue/neuer **(G)** gewählt worden war, wurde in der zweiten Sitzung der Vollversammlung in geheimer Wahl die/der **(H)** bestimmt. Im Zuge der Regierungsbildung stellte diese/dieser wenig später ihr/sein neues **(I)** vor.

Auswahlliste:

1	Kreistage	**13**	6
2	100	**14**	Ehrenpräsident/in
3	Erststimme	**15**	140
4	5	**16**	Zweitstimme
5	Landtagspräsident/in	**17**	Ministerpräsident/in
6	Regierungspräsident/in	**18**	Bezirkstage
7	absolute Mehrheit	**19**	Kabinett
8	Konzept	**20**	relative Mehrheit
9	Landräte und -rätinnen	**21**	Ministerium
10	Oppositionsführer/in	**22**	180
11	Listenkandidaten und -kandidatinnen	**23**	Parteien
12	Hauptstimme	**24**	Fraktionen

Meine Lösung:

Tragen Sie jeweils die zutreffende Kennnummer ein:

A	B	C	D	E	F	G	H	I

9 P.

27 Der neue Landtag in Bayern

Tragen Sie jeweils die zutreffende Kennnummer ein:

A	B	C	D	E	F	G	H	I		
18	3	22	11	13	7	5	17	19	je 1 Punkt, insgesamt 9 Punkte	9 P.

Diese Prüfungsaufgabe berücksichtigt das Aktualitätsprinzip. So sind größere politische Entscheidungsprozesse in den vergangenen Monaten prüfungsrelevant, somit insbesondere natürlich auch Wahlen in Bayern. Die Lösung der Aufgabe erfordert Grundkenntnisse zu den Landtagswahlen in Bayern sowie zur Regierungsbildung, wobei die geschickte Anwendung des Ausschlussverfahrens eine hohe Trefferquote ermöglicht. So bietet sich eine Lösungsstrategie in zwei Durchgängen an. Im ersten Anlauf werden die Lösungsbegriffe entnommen, die auf Grundlage des staatsbürgerlichen Grundwissens unstrittig sind. Nach Streichung dieser Begriffe erfolgt der zweite Durchgang nach dem Ausschlussprinzip. Markieren Sie sich hierzu (evtl. auch mit unterschiedlichen Farben) die für jede Lücke theoretisch möglichen Lösungen. Da so pro Lücke nur zwei bis drei Optionen übrigbleiben sollten, wird die Abwägung und Entscheidung vereinfacht. Arbeiten Sie dennoch zügig und zeigen Sie sich entscheidungsfreudig!

*Die Lösung für die **Lücke A** lautet „Bezirkstage". Durch deren Anzahl (7) lassen sich die Kreistage ausschließen. In die **Lücke B** ist „Erststimme" einzufügen, nach dem Ausschlussverfahren wäre der Begriff „Zweitstimme" wegen der Mehrfachnennung unwahrscheinlich. Im Landtag sind – ohne Überhang- und Ausgleichsmandate – „180" Sitze **(Lücke C)** zu vergeben, die anderen zur Auswahl stehenden Zahlen sind deutlich kleiner. Ein Vergleich mit den Sitzen des Bundestages (mindestens 598!) erleichtert die Entscheidung. Mit der Zweitstimme werden „Listenkandidaten und -kandidatinnen" **(Lücke D)** gewählt, im Gegensatz zu den bereits oben erläuterten Direktkandidaten. Im bayerischen Landtag sind aktuell „6" **(Lücke E)** Fraktionen vertreten (CSU, SPD, Freie Wähler, Grüne, FDP, AfD), wobei eine Koalition von CSU und Freien Wählern eine „absolute Mehrheit" **(Lücke F)** ermöglicht. Da der/die „Landtagspräsident/in" **(Lücke G)** die Sitzungen des Landtages leitet, muss dieser/diese <u>vor</u> dem/der „Ministerpräsidenten bzw. Ministerpräsidentin" **(Lücke H)** gewählt werden. Die Lösung für die **Lücke I** lautet „Kabinett", gemeint ist die neue Regierungsmannschaft.*

28 70 Jahre Grundgesetz

Das Grundgesetz der Bundesrepublik Deutschland feierte am 23. Mai 2019 seinen 70. Geburtstag.

Zu der nachfolgend abgedruckten Infografik „Strukturprinzipien des Grundgesetzes" finden Sie acht Aussagen.

▶ Kreuzen Sie im Lösungsbogen an, welche Aussagen danach richtig, falsch bzw. nicht zu entnehmen sind.

Strukturprinzipien des Grundgesetzes

Grundsätze der Verfassung

Quelle: http://www.bpb.de/politik/grundfragen/24-deutschland/40423/grundgesetz, abgerufen am 02.12.2018

Aussagen:

1 Die zentralen Strukturprinzipien Demokratie, Bundesstaatlichkeit sowie Rechtsstaatlichkeit und Sozialstaatlichkeit sind in Art. 1 des Grundgesetzes festgeschrieben.

2 Das Demokratieprinzip besagt, dass alle staatliche Gewalt vom Volk ausgeht, dieses also der Souverän ist.

3 Die Strukturprinzipien des Grundgesetzes finden sich auch in der Verfassung anderer Staaten.

4 Die Rechtsstaatlichkeit schützt die Bürgerinnen und Bürger vor Willkürakten und garantiert zugleich auch die Gleichheit aller Bürgerinnen und Bürger vor dem Gesetz.

5 Das Strukturprinzip der Sozialstaatlichkeit beinhaltet, dass Gesetze willkürlich verabschiedet werden dürfen.

6 Das Grundgesetz sieht eine Aufteilung der Aufgaben zwischen den Bundesländern und dem Bund vor.

7 Die vollziehende Gewalt und die Rechtsprechung sind an das geltende Recht gebunden.

8 Die Wahrnehmung der Interessen der Bürgerinnen und Bürger durch die gewählten Vertreter in den Parlamenten, die nach dem Mehrheitsprinzip entscheiden, ist ein wesentliches Merkmal in der repräsentativen Demokratie der Bundesrepublik Deutschland.

Meine Lösung:

Kreuzen Sie an:	1	2	3	4	5	6	7	8
richtig								
falsch								
nicht zu entnehmen								

8 P.

28 70 Jahre Grundgesetz

Kreuzen Sie an:

	1	2	3	4	5	6	7	8
richtig		X		X		X	X	X
falsch	X				X			
nicht zu entnehmen			X					

je 1 Punkt, insgesamt 8 Punkte
kein Punkt für jede Spalte mit mehr als einem Kreuz

8 P.

In dieser materialgestützten Aufgabe müssen die Inhalte einer Infografik mit den Inhalten eines Grundgesetz-Auszuges kombiniert werden, um im Folgenden richtige und falsche Aussagesätze unterscheiden zu können. Wenn man jede Aussage systematisch prüft, sollte diese Aufgabe gut zu bewältigen sein. Farbige Kennzeichnungen in der Grafik sowie Unterstreichungen im Gesetzestext sind empfehlenswert.

*Die **Aussage 1** ist schon deshalb eindeutig falsch, da es sich beim abgedruckten Gesetzestext nicht um Artikel 1, sondern um Artikel 20 des Grundgesetzes handelt.*
***Aussage 2** hingegen ist richtig, die Aussage wird durch die Infografik und durch Art. 20 GG, Absatz 2 bestätigt.*
*Die recht vage formulierte **Aussage 3** mag zwar richtig sein, jedoch ist sie dem Material nicht zu entnehmen.*
*Die folgende **Aussage 4** ist bereits allein mit Hilfe der Infografik als richtig zu bestimmen.*
***Aussage 5** enthält groben inhaltlichen Unsinn, sodass eine weitere Überprüfung eigentlich unnötig ist. Jegliche Willkür hat in einem demokratischen Rechtsstaat keinen Platz.*
*Die **Aussagen 6, 7 und 8** sind alle richtig. Die genannte Aufgabenteilung zwischen Bund und Ländern findet sich wörtlich in der Infografik, die Richtigkeit von Aussage 7 wird durch das Grundgesetz in Art. 20, Absatz 3 bewiesen. Die zentralen Begriffe der Aussage 8 („gewählte Vertreter", „repräsentative Demokratie" und „Mehrheitsprinzip") lassen sich leicht in den Materialien wiederfinden.*

29 100 Jahre Demokratie

Vor 100 Jahren wurde die erste effektive demokratische Verfassung Deutschlands („Weimarer Verfassung") verabschiedet.

▶ Betrachten Sie die nachfolgend abgedruckte Karikatur. Kreuzen Sie im Lösungsbogen an, welche der Aussagen zur Karikatur passen (= richtig) und welche nicht zur Karikatur passen bzw. sich nicht aus ihr ableiten lassen (= falsch).

© Erik Liebermann

Aussagen:

1 Für Demokratie muss man auch Widerstände überwinden.

2 Wer zuerst kommt, mahlt zuerst.

3 Die Anzahl der autoritär geführten Staaten nimmt sichtbar ab.

4 Der Anteil der Nichtwähler nimmt stetig zu.

5 Der Einsatz für Demokratie ist nie abgeschlossen: Man kann immer neue Hindernisse erwarten.

Meine Lösung:

Kreuzen Sie an:

	1	2	3	4	5
richtig					
falsch					

5 P.

29 100 Jahre Demokratie

Kreuzen Sie an:

	1	2	3	4	5
richtig	X				X
falsch		X	X	X	

je 1 Punkt, insgesamt 5 Punkte
kein Punkt für jede Spalte mit mehr als einem Kreuz

5 P.

Zur Lösung dieser Aufgabe empfiehlt sich neben staatsbürgerlichem Grundwissen folgende Technik zur Entschlüsselung von Karikaturen. In einem ersten Schritt sollte man die Abbildung zunächst vollständig betrachten und beschreiben. Erst im zweiten Schritt ist die Richtigkeit der Aussagen anhand der Zeichnung zu überprüfen.
Zur Vorbereitung auf diesen Aufgabentyp sind politische Karikaturen zu empfehlen, die sich in den meisten großen Tageszeitungen finden.

*Die **Aussage 1** ist richtig. Das Laufrad bewegt sich in Richtung des Demokratie-Wegweisers, jedoch stellen sich dem Läufer unterschiedliche Hindernisse (= Widerstände) in den Weg. Die **Aussagen 2, 3 und 4** müssen falsch sein, da sie nicht aus der Zeichnung ableitbar sind. Die **Aussage 5** hingegen ist wiederum richtig. Zur Lösung ist hier eine geringfügige Interpretation (hier Bedeutung des Laufrades) angemessen.*

30 Orientierung in der Zeit

Im Jahr 2019 können wir auf etliche geschichtliche Ereignisse zurückblicken, die sich vor „runden" Jahren zutrugen.

▶ Bestimmen Sie für jedes nachfolgend aufgeführte Ereignis, wie viele Jahre es zurückliegt. Entnehmen Sie der nachfolgenden Auswahlliste jeweils den Kennbuchstaben des zutreffenden Ergebnisses und tragen Sie diesen bei der jeweiligen Kennnummer des Ereignisses in den Lösungsbogen ein.

Ereignisse:

1 Gebannt verfolgten Millionen von Fernsehzuschauern der westlichen Welt, wie es der amerikanischen Weltraummission Apollo 11 zum ersten Mal gelang, Menschen auf den Mond zu befördern. Dieses Medienereignis fand zu einer Zeit statt, als Hippies, Bürgerrechtler und Friedensaktivisten in den USA u. a. gegen den Vietnamkrieg und die Diskriminierung der Afroamerikaner demonstrierten. Vor wie vielen Jahren setzten die Astronauten Neil Armstrong und Buzz Aldrin ihren Fuß als erste Menschen auf den Erdtrabanten?

2 Sechs Jahre nach der Machtübernahme Adolf Hitlers überfiel die deutsche Wehrmacht am 1. September Polen und überzog Europa mit einem Krieg, der viele Millionen von Opfern kosten und unsägliches Leid über die Menschen bringen sollte. Vor wie vielen Jahren begann der Zweite Weltkrieg?

3 Dem gebürtigen Korsen Napoleon Bonaparte gelang während der Französischen Revolution aufgrund seines herausragenden militärischen Geschicks ein rascher Aufstieg innerhalb der Armee. Nach einem Staatsstreich übernahm er die politische Macht in Frankreich und formte dieses nach seinen Vorstellungen um. Er krönte sich schließlich selbst zum Kaiser. Der katastrophale Ausgang seines Feldzuges gegen Russland leitete das Ende seiner Herrschaft über große Teile Europas ein. Napoleon verstarb in seinem zweiten Exil auf St. Helena. Welchen Geburtstag würde er in diesem Jahr feiern?

4 Im 40. Jahr des Bestehens der DDR wurde auch deren Ende eingeläutet. Die politische und wirtschaftliche Unzufriedenheit der Bürgerinnen und Bürger führte zu Massenflucht und Demonstrationen. Am Abend des 9. November wurden überraschend die Grenzübergänge zwischen der DDR und der Bundesrepublik geöffnet und viele Menschen feierten begeistert ihre neu gewonnene Freiheit. Vor wie vielen Jahren fand der Mauerfall statt?

5 Das Ende des Ersten Weltkrieges wurde völkerrechtlich durch den Versailler Vertrag besiegelt. Wegen der Art des Zustandekommens und der harten Vertragsbedingungen empfanden viele Deutsche den Friedensvertrag als demütigenden Diktatfrieden. Vor wie vielen Jahren wurde der Versailler Vertrag ausgehandelt?

6 Leonardo da Vinci gilt als Universalgelehrter der Renaissance, einer Epoche, die den Übergang vom Mittelalter zur Neuzeit begründete. Als Maler, Architekt, Bildhauer und Ingenieur schuf er bedeutende Werke und studierte überdies die menschliche Anatomie. Der wievielte Todestag dieses Genies jährt sich in diesem Jahr?

Auswahlliste:

A	B	C	D	E	F	G	H	I	K	L
30	50	75	80	90	100	120	200	250	300	500

Meine Lösung:

Tragen Sie jeweils den zutreffenden Kennbuchstaben ein:

	1	2	3	4	5	6
zutreffend						

12 P.**

30 Orientierung in der Zeit

Tragen Sie jeweils den zutreffenden Kennbuchstaben ein:

	1	2	3	4	5	6
zutreffend	B	D	I	A	F	L

je 2 Punkte, insgesamt 12 Punkte — 12 P.**

Bei dieser Aufgabe erleichtert eine Vorabinformation zu wichtigen Gedenktagen die Beantwortung (siehe Ereignis 1). Außerdem sollten die in Kapitel 2.4.3 aufgeführten zentralen Daten beherrscht werden.

Zur Erschließung der Lösung ist die Kenntnis folgender Jahreszahlen nötig:

- *Ereignis 1: Richtig ist Antwort B. Im Jahr 2019 feierte die erste Mondlandung (1969) ihr 50. Jubiläum.*
- *Ereignis 2: Richtig ist Antwort D. Notwendige Daten zur Beantwortung sind die Dauer des Zweiten Weltkrieges (1939–1945), alternativ dazu die Machtübernahme Adolf Hitlers am 30. Januar 1933 („Sechs Jahre nach der Machtübernahme ...“). Der Kriegsbeginn fand also vor 80 Jahren statt.*
- *Ereignis 3: Richtig ist Antwort I. Napoleon Bonaparte würde im Jahr 2019 seinen 250. Geburtstag feiern. Hilfreich bei der Beantwortung ist es, wenn man den Beginn der Französischen Revolution im Jahr 1789 zeitlich grob verorten kann und davon ausgeht, dass Napoleon zu diesem Zeitpunkt etwa 20 Jahre alt war (Geburtsjahr 1769).*
- *Ereignis 4: Richtig ist Antwort A. Wenn man weiß, dass die DDR im Jahr 1949 gegründet wurde (siehe Aufgabe 26!), liegt das 40. Jahr ihres Bestehens im Jahr 1989. Damit jährt sich der Mauerfall im Jahr 2019 zum 30. Mal.*
- *Ereignis 5: Richtig ist Antwort F. Der Erste Weltkrieg endete 1918, was im Jahr 2019 101 Jahre zurückliegt. Die Auswahlliste enthält als einzige naheliegende Angabe den Zeitraum vor 100 Jahren. Damit wurde der Versailler Vertrag im Jahr 1919 verabschiedet.*
- *Ereignis 6: Richtig ist Antwort L. Wenn man weiß, dass das Ende des Mittelalters und damit der Beginn der Neuzeit grob etwa um das Jahr 1500 zu verorten sind (Allgemeinwissen!), bleibt als einzige Antwortmöglichkeit die Zahl 500.*

Bildnachweis

S. 13 www.pixabay.com

S. 13 www.pixabay.com

S. 14 www.pixabay.com

S. 14 www.pixabay.com

S. 15 www.pixabay.com

S. 16 www.shutterstock.com

S. 16 vzbv / Marktwächter Digitale Welt

S. 17 www.pixabay.com

S. 17 www.pixabay.com

S. 18 www.wikipedia.de / Gerhard Mester

S. 23 www.pixabay.com

S. 24 www.flickr.com / photos / bankenverband

S. 25 www.pixabay.com

S. 42 picture-alliance / dpa-infografik

S. 44 https://d-maps.com/carte.php?num_car=3271&lang=de

S. 46 picture-alliance / dpa-infografik

S. 48 https://d-maps.com/carte.php?num_car=3503&lang=de

S. 50 Christiane Pfohlmann

S. 58 picture-alliance / dpa-infografik

S. 60 picture-alliance / dpa-infografik

S. 62 picture-alliance / dpa-infografik

S. 68 picture-alliance / dpa-infografik

S. 82 picture-alliance / dpa-infografik

S. 86 www.pixabay.com

S. 132 picture-alliance / dpa-infografik

S. 134 Waldemar Mandzel

S. 136 picture-alliance / dpa-infografik

S. 150 picture-alliance / dpa-infografik

S. 154 2017 IW Medien · iwd 11

S. 164 https://d-maps.com/carte.php?num_car=2007&lang=de

S. 166 picture-alliance / dpa-infografik

S. 168 picture-alliance / dpa-infografik

S. 178 Erik Liebermann

Für einige wenige Abbildungen konnten keine Urheber ermittelt werden. Der Verlag bittet Personen oder Institutionen, welche die Urheberrechte daran besitzen, sich zwecks angemessener Vergütung zu melden.